# 哲学原来这么有趣

王禹栋 编著
世良插画 绘

民主与建设出版社
·北京·

ⓒ 民主与建设出版社，2022

**图书在版编目（CIP）数据**

哲学原来这么有趣 / 王禹栋编著；世良插画绘. -- 北京：民主与建设出版社，2022.10
ISBN 978-7-5139-3945-4

Ⅰ.①哲… Ⅱ.①王… ②世… Ⅲ.①哲学–通俗读物 Ⅳ.①B-49

中国版本图书馆CIP数据核字（2022）第160001号

**哲学原来这么有趣**

ZHEXUE YUANLAI ZHEME YOUQU

| | |
|---|---|
| 编　　著 | 王禹栋 |
| 绘　　者 | 世良插画 |
| 责任编辑 | 彭　现 |
| 特约策划 | 徐芳宇 |
| 封面设计 | 海　凝 |
| 出版发行 | 民主与建设出版社有限责任公司 |
| 电　　话 | （010）59417747　59419778 |
| 社　　址 | 北京市海淀区西三环中路10号望海楼E座7层 |
| 邮　　编 | 100142 |
| 印　　刷 | 三河市骏杰印刷有限公司 |
| 版　　次 | 2022年10月第1版 |
| 印　　次 | 2022年12月第1次印刷 |
| 开　　本 | 880毫米×1230毫米　1/32 |
| 印　　张 | 8.5 |
| 字　　数 | 197千字 |
| 书　　号 | ISBN 978-7-5139-3945-4 |
| 定　　价 | 49.80元 |

注：如有印、装质量问题，请与出版社联系。

# 序言

## 进入哲学

要想使一位哲学家挠头,可能最简单的方法就是问他"哲学是什么"。的确,哲学可能是所有知识中最难以定义的,这个问题是这门学科最难回答的问题。或许你可以从百科全书和词典中找到哲学的平实定义,但当我们真正去了解哲学后,又会发现,每一种关于哲学的定义都不能完善地描述它。

哲学是人类一门最古老的学问。让我们先从"哲学"一词的起源说起,实际上,汉语中的"哲学"一词是由"日本近代哲学之父"西周翻译而来,哲学的英文是"philosophy",是由古希腊"Φιλοσοφία"(philo-sophia)一词转变而来,在古希腊文中的原意是"爱智慧"。中国古代第一部词典《尔雅》中的解释则是:"哲,智也。""哲"就是"智慧"的意思。人作为万物之灵,"灵"就是智慧,人作为一种智慧的存在,"爱智慧"就代表了哲学的起源,以及人们对哲学的最初解释,所以有人称呼哲学为"智慧学"。

那哲学就是智慧吗?这种说法也不全对,因为哲学更强烈地表现为对智慧的一种态度,正所谓"爱智慧"。这种"爱"是一种忘我的追求与追问,是对"智慧"的全心投入与向往。

那又有人会问，究竟是什么样的"智慧"，值得我们这样强烈地"爱"呢？对于这个问题，东西方的哲学家走上了不同的道路，并给出了不同的答案。

广泛地说，哲学不是某时某地突然在世界上出现的。在东方，古中国和古印度时期都在形成各具特色的哲学思维，尤其是古代中国，从传说时代的"文明开化"到先秦时期的"百家争鸣"，逐渐形成了中国古代哲人对宇宙、天地、人生、生活的独特理解。这些思想经过历代先贤发展完善，成为富有生命力的哲学思想体系。中国哲学特别注重伦理道德，它所强调的，不仅是真理和客观知识，更是一种积极向上的实践智慧。

西方哲学则不同。在古希腊，人们将一切知识、教养、能力等都认为是"智慧"。从最早的自然派哲学家用理性的方式对世界本原的追问，继而柏拉图和亚里士多德建构起来的形而上学认知方式，到黑格尔以理性为核心的历史上最庞大、最全面的体系，进而兴起的对形而上学的反思批判。西方哲学的传统就是在不断地重新诠释、创造和质疑。西方哲学更强调的是认识，是知识和论证。这种认知的性质，使它关注的是根源性、终极性、普遍性的问题。这也是西方哲学传统最具魅力的特点。

当然，由于对"被认识对象"与"知识"的界定不同，不同地域、不同时期的哲学思想表现出了不同特点，在哲学领域中充满了不同思潮、派别之间观点的对立和斗争。比如说德国哲学家黑格尔对东方哲学就完全不屑一顾，他认为，中国根本没有哲学，或者说在哲学上从未形成自觉。他在《哲学讲演录》中说："我们看到孔子和他的弟子们的谈话（《论语》），里面所讲的是一种常识道德，这种常识道德我们在哪里都找得到，在哪一个民族里都找得到，可能还要好些，这是毫无出色之点的东西。孔子只是一个实际的世间智者，在他那里思辨的哲学是一点也没有的。"

其实黑格尔对于中国哲学的了解是不够全面的，一方面是因为他所看到的中国哲学思想的资料有限，另一方面是中西方语言语境的差异，他并不能准确理解中国哲学的意蕴。钱锺书先生在《管锥编》中反驳道："黑格尔尝鄙薄吾国语文，以为不宜思辨；又自夸德语能冥契道妙，举'奥伏赫变'（Aufheben）为例，以相反两意融会于一字（ein und dasselbe Wort für zwei entgegengesetzte Bestimmungen），拉丁文中亦无义蕴深富尔许者。其不知汉语，不必责也；无知而掉以轻心，发为高论，又老师巨子之常态惯技，无足怪也；然而遂使东西海之名理同者如南北海之马牛风，则不得不为承学之士惜之。"可谓一语道破。

无论东西方，其哲学思想都是面向世界、面向生活、面向自己的"思"，都是智慧的涌动之源，只要人类在思考这些问题，我们就都会走上哲学之路，都会"爱智慧"。

哲学不是一门手艺，但哲学活动，天然的就是一种反思的培养。当然，思考越多，疑惑的问题也越多。无论是对世界起源的思考，还是对人生价值的思考，我们会发现，从古至今，无论东方、西方，对价值、意义等"大问题"的理解都没有一个标准的答案。进而我们可以认识到其实答案的不同是由于"思考"的不同。每一种思考下，都可以有自己的答案，这正是哲学事业的最为本质的表现，即对思考的思考，表现为对思想的反复追问。

哲学未必会传授多少让你脑洞大开的知识，但是当你认识哲学、了解哲学之后，身边或生活当中的一些问题，一些你不曾察觉过的问题，就会引起你的思考。也许在夜深人静的时候，我们会思考自己的过去，这个时候我们每个人都是"哲学家"。因为我们在反思自己的过去，反思过去就是要过好现在，过好现在就是要积极地走向未来。

学习哲学首先面临的困难就是哲学语言的晦涩难懂，我们希望换一种全新方式，串联起哲学家的人生，并将哲学思想生动地展示给大家，希望大家可以在哲学这片土地上栖息，希望大家在智慧的道路上可以领先一步。

作为一门学科，哲学是一个从古至今延续着的事业，它的发展线索是明晰的，我们可以沿着先贤的爱智之路，来寻找你问题的答案。

# 目录

## 第一部分 古代中国的哲学

老子——道法自然　　　　　　　　002
孔子——至圣先师　　　　　　　　008
墨子——兼爱非攻　　　　　　　　016
孟子——仁义之道　　　　　　　　024
庄子——逍遥任性　　　　　　　　030
公孙龙——白马非马　　　　　　　035
荀子——儒法融合　　　　　　　　040
驺衍——阴阳五行，相生相克　　　046
韩非——法、术、势的结合　　　　052
董仲舒——天人感应　　　　　　　059
魏晋玄学时代的名士　　　　　　　067
僧肇——玄佛合流　　　　　　　　076
朱熹——儒道佛的融合　　　　　　083
王守仁——知行合一　　　　　　　091
王夫之——力行而后知之真　　　　099
严复——物竞天择，适者生存　　　106

## 第二部分　西方哲学的发展

| | |
|---|---|
| 早期西方哲学家——世界的本原是什么 | 114 |
| 智者学派——人是万物的尺度 | 125 |
| 苏格拉底——要过一种反思的生活 | 130 |
| 柏拉图——思想世界的王者 | 136 |
| 亚里士多德——我爱我师，我更爱真理 | 143 |
| 伊壁鸠鲁——快乐是最高的善 | 151 |
| 奥古斯丁——教父哲学 | 156 |
| 托马斯·阿奎那——天使博士 | 163 |
| 霍布斯——世界统一于物质 | 169 |
| 培根——知识就是力量 | 175 |
| 笛卡儿——我思故我在 | 182 |
| 洛克——心灵如白板 | 189 |
| 斯宾诺莎——孤独的道德楷模 | 195 |
| 莱布尼茨——十七世纪的"亚里士多德" | 202 |
| 休谟——对一切持怀疑态度 | 207 |
| 孟德斯鸠——三权分立 | 213 |
| 伏尔泰——欧洲的良心 | 220 |
| 卢梭——人生来自由 | 225 |
| 康德——德国古典哲学创始人 | 231 |
| 黑格尔——古典哲学的集大成者 | 239 |
| 叔本华——与理性主义相抗衡 | 249 |
| 马克思——伟大的革命导师 | 255 |
| **参考书目** | 264 |

# 第一部分

# 古代中国的哲学

# 老子
## ——道法自然

老子，又叫老聃，姓李名耳，字伯阳，出生在春秋时期，与孔子同时而稍早。《史记》里面关于老子的传记写得很简单。据记载，老子是楚国人，大约出生在公元前571年，曾在东周国都洛邑任守藏史，也就是国家图书馆的馆长，是著名的饱学之士。

老子的出生极富传奇色彩。传说，老子的母亲是因为吃了一个李子，怀孕八十一年才生下了他。而且老子刚生下来就会说话，还指着院中的李子树说，李就是他的姓氏。又因为他的耳朵比较大，所以叫李耳。而之所以又称老子，是因为他出生时须发皆白。

老子自幼聪慧，静思好学。他的母亲望子成龙，请了精通殷商礼乐的商容来教导他读书。老子勤学苦读，十分用功。在商容将要病逝的时候老子前去看望他，商容告诫老子，自己的舌头还在，牙齿却不在了，而万事万物就像舌头和牙齿一样，因为柔软不争才能存在。老子从商容的话中领悟到"柔弱胜刚强"的道理。

成为守藏史之后，老子有机会阅读大量的史籍资料和各类图书，成为一名闻名遐迩、博古通今的智者。但老子的为官生涯也不是一帆风顺，他曾经被罢官，借此机会到鲁国考察周礼。后来恢复官职之后，孔子特地来向他问礼。

公元前520年，周朝国都内乱，老子因为守书不利，第二次被罢官，这次他返回了故乡。眼见诸侯越战越乱，天下民不聊生，老子料理完家事后，准备西行归隐。

西行的路上要经过函谷关。一日，关令尹喜远远看见有紫气在东方浮现，推知将会有圣人经过，于是斋戒沐浴在此静候。果然，老子乘着青牛从关口而来。尹喜盛情地款待了老子，并请求他将其学问著成一本书留给世人。按照老子的本意，他是不想留下文字的，但经不住尹喜的劝说，终于提起了笔。不久之后，老子写出了《道德经》五千言，分上下篇，共八十一章。其后老子不得其踪，世人再也没有关于他的消息。

老子是伟大的哲学家，其哲学思想的发展，可以说是由宇宙论伸展到人生论，再由人生论延伸到政治论。老子把人类思考范围由人生而扩展到整个宇宙，不仅关怀人文政治，也探讨宇宙起源、本体论等形而上的问题，代表着中国哲学思想深邃的一面。孔子曾经评价老子说："鸟，吾知其能飞；鱼，吾知其能游；兽，吾知其能走。走者可以为罔，游者可以为纶，飞者可以为矰。至于龙，吾不能知，其乘风云而上天。吾今日见老子，其犹龙邪！"

德国哲学家雅斯贝尔斯认为，老子是中国哲学突破的先锋，老子的道论是中国哲学本体论的开始，老子为中国哲学的繁荣做出了不可磨灭的贡献。就连那位对东方哲学充满偏见的大哲学家黑格尔也认为，老子是一位真正的"哲学家"。

老子是道家学派创始人，在后世道教中老子被尊为太上老君，是道教的教主；从《列仙传》开始，把老子列为神仙，汉桓帝更是亲祀老子，将其作为仙道之祖。唐朝皇室奉老子为始祖，认为自己是老子的后裔。

 **精彩语录**

◇上善若水，水善利万物而不争。

◇合抱之木，生于毫末；九层之台，起于累土。千里之行，始于足下。

◇知者不言，言者不知。

◇天下难事，必作于易；天下大事，必作于细。

◇天下之至柔，驰骋天下之至坚。

◇我有三宝，持而保之。一曰慈，二曰俭，三曰不敢为天下先。

◇祸兮福之所倚，福兮祸之所伏。

◇人法地，地法天，天法道，道法自然。

◇天之道，损有余而补不足；人之道则不然，损不足以奉有余。

◇道生一，一生二，二生三，三生万物。

◇道可道，非常道；名可名，非常名。

◇大直若屈，大巧若拙，大辩若讷。

——以上皆出自《道德经》

《道德经》亦称《老子》，虽只有"五千言"，但思想深邃，在中国文化史上具有十分重要的地位。

## 哲学思想

### 一 道

道是中国哲学史上最重要的一个概念,也是老子思想的核心。道最早的含义是指道路或者原则,经过老子的创造性发展后,道具有原生性和本原性,并且道不可言说。

道作为宇宙的最高本体,是万事万物的本原,无声无形无味,是不可认识的精神性的存在。

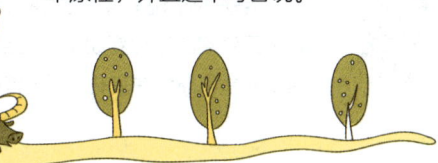

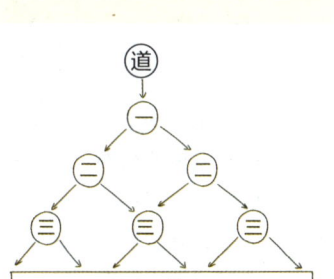

世界上的一切事物都是从道那里派生出来的,所谓"道生一,一生二,二生三,三生万物"。

老子所讲的道是一种十分抽象的东西,他用一个具有高度抽象性和概括性的概念来说明人类生存的依据和世界的统一性。道就是规律,万物都在发生变化,但是万物所遵循的道没有变,这为道家学派的发展奠定了基础。

第一部分 古代中国的哲学 005

## 反者道之动

老子的学说充满古代朴素唯物辩证思想。老子从当时风云变幻的社会变动中感受到万事万物并不是固定不变的,而是不断地在变化着,也就是所谓的"物极必反"。

对立面不是一成不变的,它们在向相反的一面转化,互相依赖。"有无相生,难易相成,长短相形,高下相倾,音声相和,前后相随。"对立的一面,如果它的特点达到一定程度,就会表现出对立的另一面的特点。

比如一个人吃一些有益于身体的东西,这是一件好事,但是如果他吃得太多,吃过量了,好事也会变成坏事,有益的也会变成有害的。

老子突出对立面的同一性,但不讲对立面的斗争。他反复强调的是"不争",不是以实际行动去解决矛盾,而是极力维持现状。这也反映了老子思想当中保守的一面。

## 小国寡民

老子认为君主应该遵循"无为而治"的原则来管理国家,"小国寡民"从字面上理解就是国家小,人口少。

在春秋时期诸侯纷争,兵祸连年,小国不能自我保全,大国兼并小国以成为霸主的背景下,老子知道以暴制暴、动用武力是不能解决问题的,希望各国各守本分,统治者应该少一点欲望,这样才有利于人民。

"邻国相望,鸡犬之声相闻,民至老死不相往来。"这反映了老子政治上的一种愿景。老子的无为思想也反映出人民渴望和平。

# 孔子
## ——至圣先师

 小传

孔子被称为中国历史上的第一大圣人,中国历史上最伟大的思想家。

这个评价对于孔子来说,丝毫不过分。

孔子出生在公元前551年,当时处于春秋时代。根据《史记》记载,孔子的祖先是宋国贵族,他的父亲叔梁纥能文能武,是鲁国一名大臣。叔梁纥年老时娶了鲁国颜氏少女,生下了孔子。孔子刚出生的时候头顶是凹下去的,有点像附近的尼丘山,所以给他取名为丘,字仲尼。

孔子3岁时,父亲叔梁纥就去世了,从此家道中落。幼年的孔子在母亲的照拂下长大,过着清贫的生活。孔子曾说:"吾少也贱,故多能鄙事。"但他在早年还是接受了良好的士族教育,对传统的经典十分熟悉。并且孔子从小就对"礼"感兴趣,经常用祭祀用的礼器来练习行礼,小小年纪成为祭祀方面的专家,许多人向他请教丧礼和祭祀方面的问题。

15岁那年,孔子立志做学问,要努力成为一个为人为事方面的榜样。

19岁时孔子娶妻,20岁得子,当时鲁昭公送了一条鲤鱼给他,所以就给儿子起名孔鲤。

到了三十而立,孔子已成为远近闻名的学者,齐景公出访鲁国时还召见了他。孔子34岁时曾问礼于老子,老子给了孔子一些善意的提醒,希望他不要让自己陷入危险之中。

孔子40岁就对人生各种问题有了比较清楚的认识,自云"四十而不惑"。50多岁时从政,两年就从一个地方官员中都宰做到了鲁国的大司寇,相当于今天最高法院院长。但孔子触及了鲁国旧势力"三桓"的利益,在鲁国待不下去了,不得不出走,在55岁的时候率领弟子周游列国。

孔子先后到过卫国、曹国、宋国、郑国、陈国、蔡国、楚国,这些国家的国君都没有重用他。因为孔子一直宣传的理念是复兴周朝的礼乐等级制度,这在当时诸侯争霸的背景下根本不可能受到重视。周游列国前前后后十三年,也没有施展自己的政治抱负,最后孔子只好回到鲁国。孔子年老时形容自己:"其为人也,发愤忘食,乐以忘忧,不知老之将至云尔。"

孔子以好学著称,通晓六艺(礼、乐、射、御、书、数),并且体格健壮,身长九尺,按今天的标准换算,身高1.9米,远不是后世有人认为的文弱书生形象。

孔子从30岁左右就从事教学活动,提出了"有教无类""因材施教"等一系列有深远影响的教育思想。他创办私学,打破了贵族垄断教育的局面。他在任何时期也不曾放弃教育弟子,对追寻大道的信念也不曾有任何怀疑。他在早年所收的弟子主要从事政治活动,晚年所收的弟子主要是做文化工作。相传有学生3000人,贤者72人,其中以颜回、曾参、子贡、子路最为出名。

在孔子69岁时,他唯一的儿子孔鲤死了。孔鲤有一个儿子叫孔伋，号子思，孟子就受业于子思的门人。

公元前479年，孔子逝世，享年73岁，葬于山东曲阜城北泗水之上，即今日孔林所在地。他的弟子继承了他的思想，形成了儒家学派。

在中华民族的文明史上，孔子处于历史长河的中间位置。在孔子以前，中国历史文化已有两千五百年以上的积累，而孔子集其大成。在孔子以后，中国历史文化复有两千五百年以上之演进，而孔子开其新统。所以有学者评价说，无孔子则无中国文化。

**精彩语录**

◇ 人无远虑,必有近忧。

◇ 己所不欲,勿施于人。

◇ 过而不改,是谓过矣!

◇ 己欲立而立人,己欲达而达人。

◇ 三人行,必有我师焉,择其善者而从之,其不善者而改之。

◇ 无欲速,无见小利。欲速,则不达;见小利,则大事不成。

◇ 君子和而不同,小人同而不和。

◇ 君子矜而不争,群而不党。

◇ 质胜文则野,文胜质则史。文质彬彬,然后君子。

◇ 君子谋道不谋食,君子忧道不忧贫。

◇ 不学礼,无以立。

◇ 益者三友,损者三友。友直,友谅,友多闻,益矣;友便辟,友善柔,友便佞,损矣。

◇ 君子欲讷于言而敏于行。

◇ 君子不以言举人,不以人废言。

◇ 君子食无求饱,居无求安,敏于事而慎于言,就有道而正焉。可谓好学也已。

◇ 有德者必有言,有言者不必有德。仁者必有勇,勇者不必有仁。

◇ 有教无类。

——以上皆出自《论语》

孔子"述而不作",其言行思想主要载于《论语》,由孔子弟子及再传弟子编写而成,是儒家学派的经典著作之一。

## 哲学思想

仁

孔子作为儒家文化的奠基人，孔子之道可称为仁道，仁是儒学中最常用也是最重要的核心观念。它最初的含义是指人与人之间和善友爱的行为规则，也指统治者施以宽惠。

在《论语》中，仁有多重含义。

首先，仁者爱人。仁是关爱他人的情感，孔子所要求的就是要有立己立人、达己达人的自觉，以道德理性为主宰。

其次，仁是忠恕之道。忠就是完成自己，也就是君子的养成，实现的途径就是文、行、忠、信。恕是推己及人，视人如己。

仁是完美的人格，是全德的表现，最高境界就是完美的道德人或圣人。

孔子提出以"仁"为核心的道德观，目的就是拯救自春秋以来世风日下的社会。

# 礼

礼是孔子思想的另一个核心。西周的礼乐制度是一个庞杂的体系,在孔子看来,礼是合理行为方式的总和。

礼的前提首先是正名,所谓正名就是合理合适的"位"。孔子生活的春秋时代社会极为混乱,周天子只是名义上的统治者,诸侯纷争,整个天下已经不能保持有效的统一。旧的秩序被破坏,新的秩序还未建立起来,社会表现就是名不副实,所以礼崩乐坏。"天下有道,则礼乐征伐自天子出;天下无道,则礼乐征伐自诸侯出。"

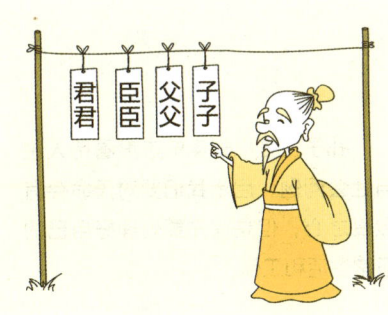

孔子想要社会回归到一种"名正言顺"的状态,他所孜孜以求的就是为这种天下统一的状态提供哲学基础。所以他提出"君君、臣臣、父父、子子"。也就是社会上的每一个人都各安其位,各得其所,各行其道。

第一部分 古代中国的哲学 013

## 天命观

孔子并不否定天命鬼神，他说："君子有三畏：畏天命，畏大人，畏圣人之言。"他认为"获罪于天，无所祷也"，主张"敬鬼神而远之"。

但孔子认为不应该把过多的精力放在这些事情上面，所以："子不语：怪、力、乱、神""未知生，焉知死？"

孔子主张以现实的态度看待人生与社会问题，启示我们要对天命存有敬畏之心，但是首先要处理好自己的日常生活和工作。

## 中庸

《中庸》原是《礼记》中的一篇，相传是孔子的孙子子思所做。其思想核心是对孔子"己所不欲，勿施于人"精神的传承和"忠恕之道"的发展。在儒家看来，过和不及都是不好的，人的思想和行为最好的状态是中庸。

"中"就是指做人做事不偏不倚，"庸"就是平常的意思。中庸就是中道，不偏向于任何一方，不多也不少，恰到好处。

儒家说的中庸并不是在两端取一个中间值，而是有很大的灵活性，反映了一种日常生活的均衡感。

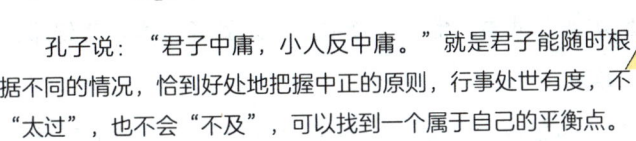

孔子说："君子中庸，小人反中庸。"就是君子能随时根据不同的情况，恰到好处地把握中正的原则，行事处世有度，不"太过"，也不会"不及"，可以找到一个属于自己的平衡点。

# 墨子
## ——兼爱非攻

墨子,姓墨名翟,大约生活在公元前468年至前376年,是战国初年的人。关于墨子的出生地,一直都有争议:《史记·孟荀列传》记载他是"宋之大夫";《吕氏春秋·当染》认为他是鲁国人;也有的说他原为宋国人,后来长期住在鲁国。墨子是墨家学派创始人,作为一代宗师,他开创的学派是与儒学并列的一代显学。

墨子精通手工技艺,自称是"鄙人",他非常同情下层劳苦大众,大概是因为他从事过类似的工作,据说他的技艺可与当时的工匠大师鲁班相媲美。墨子也曾经求学于儒家学者,但后来逐渐对儒家烦琐的礼仪活动感到厌烦。他说:"执无鬼而学祭礼,是犹无客而学客礼也,是犹无鱼而为鱼罟也。"所以墨子最终放弃了儒学,开创与儒学相对的墨家学派。

墨子一生的活动主要集中在两方面,一是广收弟子门徒,据说有数百人之多,通过这些弟子积极宣传自己的学说;二是四处奔走,宣传自己的政治主张,但因与时势不合,始终未被重用。墨子不遗余力地反对兼并战争,他的行迹很广,东到齐、鲁,北到郑、卫,南到楚、越。

墨子所创立的墨家学派是一个有着严密组织和纪律的团体,

最高领袖被称为"巨子"。墨家的成员大都来自社会底层,生活清苦,称为"墨者",其中以行侠仗义为主的墨者叫作"墨侠",以辩论为主的叫作"墨辩"。墨者出仕做官要由组织领袖委派,必须服从巨子的领导,听从巨子的指挥,如果做官后背弃了墨家的主张,就要被召回。他们做官得到的俸禄,要交出一部分供墨者团体使用。

墨子去世后,墨家分为相里氏之墨、相夫氏之墨、邓陵氏之墨三个学派。但到了秦朝的时候,墨家学派已经销声匿迹,几乎成了一门绝学。一般认为,墨家学派的思想被游侠阶层所继承,也就是人们所说的"江湖人士"。

墨家弟子根据墨子生平事迹史料,收集其言论语录,完成了《墨子》一书并流传于世。但两千余年来,《墨子》被排斥在官学之外,没有得到太多的关注。

墨家作为一个学派湮灭了,但他们的社会政治理想、人格道德力量、科学思想和方法却或多或少地融入了以儒学为主体的传统文化之中,在思想和精神上对后世产生了一定的影响。

 **精彩语录**

◇天下之人皆相爱,强不执弱,众不劫寡,富不侮贫,贵不傲贱,诈不欺愚。凡天下祸篡怨恨,可使毋起者,以相爱生也。是以仁者誉之。

◇若使天下兼相爱,国与国不相攻,家与家不相乱,盗贼亡有,君臣父子皆能孝慈,若此,则天下治。

◇名不可简而成也,誉不可巧而立也,君子以身戴行者也。

◇爱人者必见爱也,而恶人者必见恶也。

◇王道荡荡,不偏不党;王道平平,不党不偏。其直若矢,其易若底。君子之所履,小人之所视。

◇良马难乘,然可以任重致远;良才难令,然可以致君见尊。

◇夫爱人者,人必从而爱之;利人者,人必从而利之;恶人者,人必从而恶之;害人者,人必从而害之。

◇故古者圣人之所以济事成功,垂名于后世者,无他故异物焉,曰:唯能以尚同为政者也。

——以上皆出自《墨子》

《墨子》一部分记载墨子的言行和思想,另一部分着重阐述墨家的认识论和逻辑思想,是先秦逻辑思想史的奠基之作。

## 哲学思想

### 兼爱

兼爱是墨子学说的理论基础，也是墨家区别于其他学派的标志。

墨子认为，当时的整个社会之所以会有强凌弱、贵傲贱、智诈愚这么多的问题，都是缘于人与人之间没有一种无差等的爱。如果人人都能够做到兼爱，那么天下就能达到大治。

儒家也提倡爱，但是有等级差别的爱；兼爱是大到国家之间要兼相爱、交相利，小到人与人之间也要兼相爱、交相利。

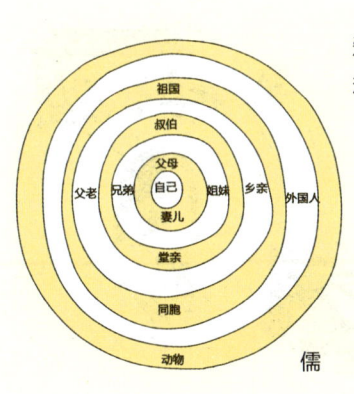

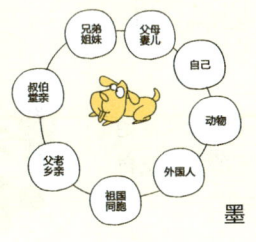

这种思想脱离了历史条件和社会现实，是根本无法实现的。

**第一部分　古代中国的哲学**

## 非攻

兼爱主张天下人互爱互利,不要互相攻击,这就必然要主张非攻。非攻是墨学的重要范畴,是墨子军事思想的集中体现,反映了墨家学派反对发动不义之战的和平愿望。

当时兼并战争剧烈,除了造成生灵涂炭之外,还使百姓贻误农时,受冻挨饿,感染疾病。农、工、商、士等庶人阶层和下层贵族都希望社会安定,墨家代表了他们要求停止战争的愿望。

统治者为了自己的利益不顾百姓的死活,发动战争,他们不是为了权利就是为了财富,具有明显的掠夺性。

墨子主张弱小国家团结起来,共同抵御大国兼并,这一理论是战国合纵策略的先声。

但是,墨子并不是无条件地反对一切战争。墨家的守御是有名的,被称为"墨守"。

## 尚贤尚同

墨子倡导的"为政之本"就是尚贤,其实就是唯贤是举,贤人执政。

他的这一思想高远宏大,远远超出了同时代的其他思想家。墨家学派之所以从显学变为绝学,与这一思想有很大的关系,因为它从根本上危及封建统治者的地位。

墨子的尚同则是下级对上级的服从。它要求一切统一于上级,绝对不许反其道而行之。墨子认为尚同是与尚贤相辅而行的行政管理原则。

如果政令不一,只能导致社会纷乱。人的行为受思想意识支配,没有思想的统一,便不能有行动的一致。

## 天志明鬼

墨子尊天明鬼，主张效法上天，遵从天意。所谓天志，就是上天的意志，是最高的行为规范准则，任何人都不能违背。

他认为，上天是有意志的，天能够赏善罚恶，冥冥之中自有天来决断，鬼神都能看得见。

墨家就是借此来说明为人行事要清白，如果大家都能够遵天志、明鬼神，吏治就会变廉洁，官府就会好好地赏善罚恶，作乱抢劫的人也会停止犯罪。

## 三表法

三表法是人们认识事物、判断是非真假的标准。墨子认为判断事物的有与无,不能凭个人的臆想,而要以大家所看到的和听到的为依据。

他提出了检验认识真伪的标准,即三表:

以古代圣王的历史经验为标准;以广大百姓的直接感觉经验为依据;看其能否给国家、百姓带来实际的好处。

墨子把"事""实""利"综合起来,以间接经验、直接经验和社会效果为准绳,排除个人的主观成见。

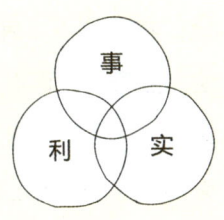

"三表"是墨子的认识论的重要内容,也是墨子论说批判的锐利武器。

第一部分 古代中国的哲学

# 孟子
## ——仁义之道

 小传

孟子（约公元前372年~公元前289年），名轲，战国时期邹国（今山东邹城东南）人，是孔子学说的继承者，被誉为"亚圣"，就是仅次于圣人孔子的意思。儒家学派在孔子之后，逐渐分为八个流派，在这八派之中，以孟子与荀子影响最大。

孟子的远祖是鲁国贵族孟孙氏，后家道衰微，从鲁国迁居邹国。

关于孟子的众多典故中，大多只见其母，不见其父，所以一般认为孟子童年丧父，靠母亲教养长大成人。孟家原来住在坟茔处，经常会见到送葬队伍，孟子就和邻居的小孩一起学大人跪拜、哭号的样子。这样的环境不利于孟子的学习和成长，于是孟母决定搬家。经过一番周折，孟家母子搬到一个集市上，这里人们讨价还价，喧嚣热闹，耳濡目染之下，孟子竟然变得锱铢必较，有些市侩。孟母决定再次迁居，这次她把家搬到了邹城的学宫附近，可以说是最早的学区房了。学宫附近书声琅琅，不少文化名人在此讲学论道，潜移默化之下孟子对读书充满了兴趣。

孟子的母亲对他要求非常严格，小时候的孟子对学习很有兴趣，但小孩比较贪玩，经常溜出学堂玩耍。孟母知道后非常生气，当着孟子的面用刀把自己辛苦织的布割断。就在孟子惊愕不解时，孟母告诫他如果不努力读书，半途而废，就会像这块布一样，变成无用之物。"断织喻学"的一幕在孟子小小的心灵中留下了深刻印象。

孟子师从子思的门人，子思是孔子的孙子，所以学习的是比较正统的儒学。他继承和发展了孔子的思想，建立了一套完整的儒家思想体系，小有名气之后，在邹、鲁一带收徒讲学，也有众多弟子。

在孟子生活的时代，当时最合时宜的诸子思想是兵家、法家和纵横家，虽然百家争鸣，但是"杨朱、墨翟之言盈天下，天下之言，不归杨则归墨"。杨氏主张"为我"，墨家主张"兼爱"，他们都反对儒家亲亲、仁爱的原则。孟子站在儒家的立场加以激烈抨击，并且他长于论辩，从不肯轻易向人妥协，在《孟子》一书中，孟子从头辩到尾，几乎完胜。

孟子的生平经历，与孔子有很多相似之处。他中年开始带领弟子们周游列国，从事政治活动，历时二十多年。孟子的学生众多，"后车数十乘，从者数百人"。他每到一个国家，都受到国君的礼待，曾到过齐国、宋国、滕国、魏国、鲁国等诸侯国。但孟子太喜欢批评君主，总是咄咄逼人，他的学说并没有受到重视。其中，他去的次数最多、待的时间最长的是齐国，本人是稷下学宫的著名学者。

当时的稷下学宫是"百家争鸣"的真正场所，诸多学者在这里论辩，孟子就是其中的名流。他在62岁回到邹国，与学生一起讨论学问，著书立说，不再出游了，直至去世。

孟子去世以后，以他为代表的这一派儒家并没有太大的发展。但是从唐宋之后，孟子与孔子并列，"孔孟之道"成为儒家思想的代表。尤其是韩愈在其《原道》一文中首次提出了儒家的"道统"，并把孟子的名字上加到孔子之后，逐渐影响至今。

### 精彩语录

◇老吾老，以及人之老；幼吾幼，以及人之幼。

◇君子有三乐，而王天下不与存焉。父母俱存，兄弟无故，一乐也；仰不愧于天，俯不怍于人，二乐也；得天下英才而教育之，三乐也。

◇穷不失义，达不离道。

◇我善养吾浩然之气。

◇养心莫善于寡欲。

◇至诚而不动者，未之有也；不诚，未有能动者也。

◇人之相识，贵在相知；人之相知，贵在知心。

◇士贵立志，志不立则无成。

◇诚者，天之道也；思诚者，人之道也。

◇君子之守，修其身而天下平。

◇得道者多助，失道者寡助。

◇廉者政之本矣，乃国之四维，立人之大节，仕者之大德。

◇无父无君，是禽兽也。

◇富贵不能淫，贫贱不能移，威武不能屈，此之谓大丈夫。

◇父子有亲，君臣有义，夫妇有别，长幼有序，朋友有信。

——以上皆出自《孟子》

《孟子》记录了孟子的思想主张、政治观点和政治活动。宋代以后，《孟子》被作为设科取士的必读经典。

## 哲学思想

### 仁政

"民为贵,社稷次之,君为轻。是故得乎丘民而为天子,得乎天子为诸侯,得乎诸侯为大夫。"

孟子关于仁政的学说,是针对当时法家推行的政治措施提出来的。

在孟子看来,百姓最重要,而国君的重要性最低。因此,得到百姓拥戴的人能做天子,得到天子信任的人能做诸侯国的国君,得到诸侯国国君信任的人能做大夫。

他把"亲亲""长长"的原则运用于政治,主张统治者应该像父母一样关心百姓的疾苦,君主应以爱护百姓为先,为政者要保障百姓的权利。百姓应该像对待父母一样去亲近、服侍统治者。

孟子认为,凭借武力又假借仁义的人可以称霸天下,依靠道德而施行仁义的人可以称王天下。

用武力让别人屈服,别人未必是真心服从,只是力量不足以反抗罢了;用道德让别人顺从,别人才会心悦诚服地顺从。

孟子赞同若君主无道,百姓有权推翻政权。

第一部分 古代中国的哲学　　**027**

## 性善论

"性"就是人出生时的本性,是与生俱来的。在这个问题上,孟子主张"人性本善"。人人都具有一种在道德方面追求积极价值的自然倾向,这是人的良知。

孟子举例说,人突然看到小孩掉到井里,都会产生惊惧和同情的心情。这种同情心是人的天性使然,也叫作"恻隐之心"。

除此以外,孟子认为人生来还具有"羞恶之心""辞让之心""是非之心"。这"四心"就是"四端",是仁、义、礼、智的基础。人跟禽兽的差别就在于人有这些"心"。人性善是一个由四心、四端、四德构成的整体系统。

不过,孟子还认为,人的本性虽然是善良的,但并不是每一个人都能充分发挥其善性。所以,为了使人的"善性"能够保持和发展,孟子从他的"性善论"出发,提出了一整套修身养性的方法,来培养大丈夫精神。

## 养浩然之气

孔子在论述修身养性，也就是君子人格的时候，主要侧重于温文尔雅，但孟子发展了孔子的思想，提出君子也要阳刚卓绝，要有大丈夫精神和浩然之气。

浩然之气是指通过人的道德修养而表现出来一种博大的精神气象。

道德修养的方向是"反求诸己"，在培养浩然之气的过程中还不能出现非道德的行为，因为非道德的行为会与人心中先验的道德本心发生冲突，从而导致心中向善的道德要求不能获得满足。

面对外界一切巨大的诱惑、威胁，要能处变不惊，镇定自若，达到"不动心"的境界。

第一部分　古代中国的哲学　029

# 庄子
## ——逍遥任性

 小传

庄子（约公元前369年~公元前286年），名周，战国时期宋国蒙（今河南商丘东北）人。这位曾经梦蝶而不辨蝴蝶与自己的先哲，是一位乱世隐者，冷眼观世界。

庄子的出身并不显赫，根据庄子的论述，可以看出他小时候应该不必为衣食住行发愁，也有读书治学的条件，所以庄子在青少年时期是接受过系统的教育的。

大约从25岁之后，庄子开始为自己的生计发愁，可能是因为家庭发生了变故。这期间庄子主要靠打草鞋生活，后来做过宋国的漆园吏，是一个地位不高的官职，不过干了没多久就归隐了。楚威王曾经派两名使者带了大量钱财去邀请他担任楚国的相国，但庄子厌恶官场，不想接近权力阶层。他说："千金，重利；卿相，尊位也。子独不见郊祭之牺牛乎？养食之数岁，衣以文绣，以入太庙……我宁游戏污渎之中而自快……"最后拒绝了楚威王。

庄子生活中的大多数时间都是在思索天地之间的大道。他性情闲适，好友不多，其中最有名的就是惠施（约公元前370年~约公元前310年），他是名家的代表人物之一。庄子经常与惠施辩论，有一次，两人曾经一起在濠梁观鱼，欣赏"鱼之乐也"，留下了"子非鱼，安知鱼之乐？"的千古之辩。

大概在庄子五十七八岁的时候，他的妻子去世了。惠施听说后赶忙来吊唁，却发现庄子在敲着瓦盆唱歌，于是质问庄子为什么不悲伤。庄子说，生死是人生中不可避免的事，既然生必然要转化为死，死也要转化为生；既然生有生的意义，死也有死的价值，那么人们对生死的态度就应该是坦然地面对，安然地顺从，只悲伤是没什么用的。这体现了庄子对生死的坦然与乐观。

大约又过了几年，惠施也去世了，庄子痛失知己。后来经过惠施的墓前，庄子悲叹道："自夫子之死也，吾无以为质矣，吾无与言之矣！"

庄子晚年孤身苍凉，弟子数人，留下名姓的，只有蔺且一人。

庄子将死的时候，他的弟子要厚葬他，遭到了他的反对。庄子认为，把天地当作棺椁，把日月当作双璧，以星辰为珠宝，用万物做殉葬，这样的葬礼难道还不完备吗？还有什么比这样更好！

约在公元前286年，庄子去世，享年83岁。

庄子继承和发展了老子的哲学思想，与老子并称为"老庄"，他们的哲学称为"老庄哲学"。庄子在后世道教中被尊为南华真人。

## 精彩语录

◇天地有大美而不言,四时有明法而不议,万物有成理而不说。圣人者,原天地之美而达万物之理。

◇日出而作,日入而息,逍遥于天地之间,而心意自得。

◇人生天地之间,若白驹过隙,忽然而已。

◇哀莫大于心死,而人死亦次之。

◇众人重利,廉士重名,贤人尚志,圣人贵精。

◇井蛙不可以语于海,夏虫不可以语于冰。

◇至人无己,神人无功,圣人无名。

◇方生方死,方死方生;方可方不可,方不可方可;因是因非,因非因是。

◇吾生也有涯,而知也无涯。以有涯随无涯,殆已;已而为知者,殆而已矣。

◇无听之以耳而听之以心,无听之以心而听之以气。

◇一尺之棰,日取其半,万世不竭。

◇出入六合,游乎九州,独往独来,是谓独有。独有之人,是谓至贵。

——以上皆出自《庄子》

《庄子》也称《南华真经》,主要通过寓言讲道理,构成了庄子特有的奇异世界,十分生动有趣。

## 哲学思想

### 逍遥游

逍遥游是庄子思想的最高境界，"逍遥"代表的是一种绝对自由的人生观，摆脱一切外物和自身的束缚；"游"并不是指身体或形体之游，而是指精神或灵魂之游。逍遥游代表着追求一种个人精神上忘却物我的境界。

在《逍遥游》中，大鹏飞翔要依靠大风和双翅，列子飞行要乘风，用庄子的话来讲这就是"有待"和"有己"，都不是真正的自由。

要做到"无待"，就要摆脱外界条件的限制和束缚。要做到"无己"，就要摆脱各种主观的条件，听任自然，毫不计较个人得失。同样，庄子还认为要做到"无名"，就是不要追求名声，因为名声对人生同样也是有害的。

这样的人才是真正的"天然"本性。所以人应该注重内在的生命价值和自我价值，实现自我超越。

## 齐物论

"齐物"的意思就是一切事物归根到底都是相同的。万物浑然一体,并且在向其对立面转化,因而没有区别。庄子认为世界万物包括人的品性和感情,看起来千差万别,归根结底都是齐一的,没有是非、美丑、善恶、贵贱之分,这就是"齐物"。而要达到无差别的精神自由之境,就必须超脱世俗观念的束缚,忘掉物我,忘掉是非,忘掉生死。

对于物我来说,庄子认为是同一的,万物与人并列,没有本质上的差别,所以梦中的蝴蝶能梦到他,他也能知道鱼儿的快乐。

对于是非来说,庄子认为大言不辩,所以在众人的争辩中保持沉默。庄子反对将真理绝对化,不认同树立权威的独断论述,"是非"是互为前提、互为因果的,所以没有必要把二者分那么清楚。

对于生死来说,庄子认为生则自然而生,死则自然而死。方生方死,方死方生。生下来总会死,死了就会有新生。他为妻子之死鼓盆而歌,因为生死本为一体。庄子对生并不感到高兴,对死也并不感到厌恶。

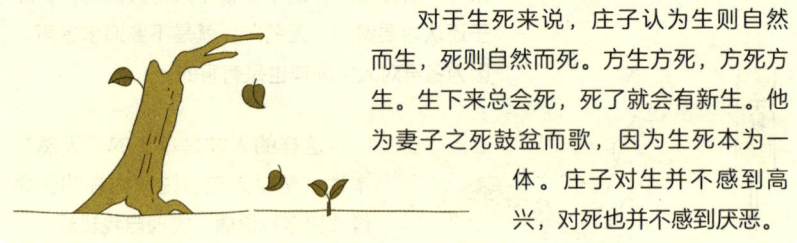

# 公孙龙
## ——白马非马

## 小传

春秋战国时期，诸子百家中有一些专门从事辩论和进行语言分析的学者，被称作名家，又称"辩者"。名家被认为是我国逻辑思想研究的开创者。

所谓"名"就是事物的名称和概念，在当时出现了一股名辩思潮，也是战国时期各家围绕名实关系展开的一场哲学论战，其中对"实"与"名"的研究影响深远，分为"合同异"与"离坚白"两派。"合同异"强调统一性，"离坚白"注重事物的不同方面。名家学派的代表人物有邓析、惠施、公孙龙等。

公孙龙（约公元前320年～公元前250年），传说字子秉，又称公孙龙子，战国时期赵国人。公孙龙青年时期活跃于魏国，在魏王身边担任侍从，后来长期作赵国平原君赵胜的门客。

公孙龙受墨家思想影响较大，他提倡"非攻"，反对兼并战争，曾出使劝说燕昭王"偃兵"，批评赵国攻齐。公孙龙与惠施齐名，稍后于惠施，两人同为著名辩士，但公孙龙完全处在惠施的对立面，论辩的方法也大不相同。

惠施主张广泛地分析世界上的事物，认为在广袤无垠的宇宙里，任何时间、空间上的差异都是微不足道的，万物的相同和相异都是相对的,是在不断变化的,看似相异的对立之中有着同一性,这便是"合同异"。

公孙龙主要靠"白马非马"而一举成名,并且他坚持"离坚白"的论点。

战国时期赵国一带的马匹流行传染病,各国禁止赵国马匹入关。据说公孙龙骑着白马来到秦国函谷关前要入关,守关的兵吏不答应,说:"你人可以入关,但马不能入关。"

公孙龙说:"白马不是马,怎么不可以过关呢?"

兵吏说:"白马是马。"

公孙龙说:"'马'是指名称,'白'是指颜色,名称和颜色不是一回事。'白马'实际上是两个不同的概念。你要一匹马,给你黑颜色的或者黄颜色的马都可以;但是如果要一匹白马,给你黑颜色或者黄颜色的马就不可以,所以说白马就不是马。"

兵吏根本说不过公孙龙,只好放公孙龙和白马入关。

"白马非马"这一辩题显赫一时。因为它不仅自身具有一定的合理性和开创性,同样也符合辩证法讲的个别与一般相区别的原理,对当时名实关系的混乱起到了一定的纠正作用。

公孙龙曾经就"白马非马"与儒家的孔穿、阴阳家的驺衍等人进行辩论。最后驺衍在平原君府邸与公孙龙以最高的道辩论,驳倒公孙龙,引得满座叫好,致使平原君贬退了公孙龙。

从《战国策》《庄子》《荀子》《吕氏春秋》《史记》《淮南子》等书关于公孙龙的记载来看,其在世时声名相当显赫,公孙龙也被认为是诡辩学的祖师爷。

 **精彩语录**

◇ 马者,所以命形也;白者所以命色也。命色者非命形也。故曰:白马非马。

◇ 无坚得白,其举也二;无白得坚,其举也二。

◇ 视不得其所坚,而得其所白者,无坚也;拊不得其所白,而得其所坚,无白也。

◇ 见侮而不斗,辱也。

——以上皆出自《公孙龙子》

《公孙龙子》研究了概念的内涵和外延,以及事物的共性和个性所具有的内在矛盾,并夸大这种矛盾而否认两者的统一,所以最后得出了违背常理的结论。

## "白马非马"论

按照常识理解，白马是马，这个说法毫无问题。但是从哲学上讲，公孙龙说的白马非马主要讨论了概念的外延和内涵的关系，也可以说是个别与一般的关系问题。

马作为一个概念，就其外延来说，包括白马、黑马、黄马等在内的所有马；但就马的内涵说，马这个概念指马的本质属性，和白马是有明确差别的。

因为马的本质是它的外形，并不是它的颜色。"白马非马"将白、马和白马三者从概念上严格地区分开来，"白"指具有白的颜色，"马"指具有马的形状，"白马"是形和色的结合，"白"结合于"马"和"白"没有结合于"马"是不同的。所以，"白马非马"。

但我们知道，"马"和"白马"是有联系的，公孙龙却极力否认这一联系，只讨论了区别。

## "离坚白"论

"离坚白"主要讲事物不同属性之间的关系问题,即石之坚质与石之白色之间的关系问题。

"坚白石"是指某块石头既是白色的又是坚硬的。公孙龙认为"坚""白"两种属性具有不同的特点,是有差别的。用眼睛看石头时,感受不到"坚",而只能感受到"白",这时没有"坚";用手摸石头时,感受不到"白",而只能感受到"坚",这时没有"白"。因此,"坚"和"白"是不能同时属于石头的。

他进而指出,"坚"在未与石头结合时,必定独立是"坚"并自藏着的;"白"在未与石头结合时,也必定独立是"白"并自藏着的。

因此他得出结论,这样的"坚"和"白",实际上是和石头这个物体相分离而独立自藏着的精神实体。

公孙龙的"离坚白"论,看到了事物及其属性以及属性与属性之间的区别和差异,论证了事物个性与共性之间的对立统一关系,但片面夸大了区别,最终走向了诡辩论。

# 荀子
## ——儒法融合

 小传

荀子名况,又称荀卿、孙卿,大约生活在公元前313至公元前238年间,战国后期赵国猗氏(今山西安泽)人。他是继孟子之后儒家最重要的代表人物,也是春秋战国时期百家争鸣的集大成者。

对于荀子的出身和童年,今天的我们知之甚少。但通过荀子的作品,我们可以看出他对各种技艺很熟悉,可能受过类似的教育。

大约在15岁的时候,荀子到齐国求学,后来在齐国的稷下学宫任教讲学,成为当时著名的学者。诸子百家在稷下学宫长期并存,彼此交流切磋,通过争鸣辩驳而相互影响,促进了当时学术思想的繁荣和发展。而荀子曾三次出任稷下学宫的祭酒,这是类似今天的大学校长的职务,体现了荀子在知识分子中的地位和号召力。后来因为齐国败于燕国,聚集在齐国稷下的学士各自分散,他也离开齐国去了楚国。

来到楚国后,荀子在公子春申君的邀请下做过兰陵令。春申君死后,荀子也被罢官,但依旧居住在兰陵。荀子也曾到过秦国和赵国,他评价秦国的治理在各国中是相当完善的。晚年荀子就在兰陵著书,最后死在兰陵。

荀子一生不仅以好学闻名于世,而且以善于劝人为学、善为人师而名垂史册。他在长期的教学实践中，总结出了丰富的治学经验。荀子教出了两个有名的学生，一个是后来在秦始皇统一六国时发挥极大作用的李斯，另一个是战国末期法家思想集大成者韩非。李斯、韩非都被后世认为是法家学派的代表人物。因为这个原因，荀子经常被质疑是否属于儒家学派，被认为是儒家的"另类"。

荀子和孟子两人虽然都属于儒家，但荀子在思想上较为推崇孔子的"礼"，他的礼学思想深受孔子儒家文化浸润。他很自觉地凸显自己和孟子之间的差异，两个人所继承、发展的理念方向也有很大的不同。因为荀子所处的时代，已经不是战国七雄你死我活的征战局面了。荀子曾游历齐、楚、秦、赵诸国，发现人们渴望实现"四海之内若一家"的要求渐渐强烈，大一统的思想与文化气氛已经逐渐弥散开来。

作为先秦时代一个总结式的人物，荀子将诸子百家的学说融会贯通，对先秦诸子进行了全面的评价，几乎没有一家没受到他的批判。荀子不仅在哲学上成就斐然，对传统所讨论的天人、名实之辨，古今、礼法之争等诸方面也提出了新的看法。

**精彩语录**

◇赠人以言,重于金石珠玉。

◇锲而舍之,朽木不折;锲而不舍,金石可镂。

◇不登高山,不知天之高也;不临深溪,不知地之厚也;不闻先王之遗言,不知学问之大也。

◇不积跬步,无以至千里;不积小流,无以成江海。

◇积土成山,风雨兴焉;积水成渊,蛟龙生焉;积善成德,而神明自得,圣心备焉。

◇礼以顺人心为本。

◇相形不如论心,论心不如择术;形不胜心,心不胜术。

◇君子贤而能容罢,知而能容愚,博而能容浅,粹而能容杂。

◇非我而当者,吾师也;是我而当者,吾友也;谄谀我者,吾贼也。

◇禽兽有知而无义,人有气、有生、有知,亦且有义,故最为天下贵也。

◇天能生物,不能辨物也;地能载人,不能治人也。宇中万物,生人之属,待圣人然后分也。

——以上皆出自《荀子》

《荀子》的文章论题鲜明,结构严谨,说理透彻,有很强的逻辑性,对后世说理文章有一定影响。

## 哲学思想

### 性恶论

荀子关于"人性恶"的观点,可以说是他思想中最具特色的部分。这一学说构成了《荀子》整个思想体系的基础。

在荀子看来,人生来就有好欲、逐利的本性,这种本性与儒家的辞让、忠信、礼义等善的价值观是对立的。

人类倘若顺从自己的天性,社会就会陷入混乱的局面。

荀子认为人性非但不善,而且根本就是恶的。换句话说,人性本身是不能产生美和善的,美和善只能产生于后天的"伪"。

伪,意指人为,是人出生后,通过后天学得的或被塑造、陶冶的品格。正因为如此,才需要圣人、君主对臣民的教化,需要礼仪等制度和道德规范去引导人们。

第一部分 古代中国的哲学

## 隆礼重法

在《荀子》一书中,"礼"字出现的频率非常高,达309次。荀子认为,礼是人之为人应该遵循的社会生活准则,失去礼,则会造成社会混乱。

所谓礼,即上下、尊卑、贵贱有序的社会制度。在荀子看来,正因为人生而有欲,所以一旦欲望得不到满足,人们就会去追逐;追逐永无止息,就会产生争夺和混乱。这时就需要用礼来规范人们的行为,矫正他们的天性,使其能够符合礼义的要求,进而达到社会的稳定。

就对礼的理解而言,孔子、孟子、荀子这三位儒学大师的侧重点可以说各有不同。孔子主要说明礼乐的本意,孟子则着重说明礼乐的源头,而荀子重点放在阐明礼乐制度的实效上。

这里的实效即指要树立起有序的人文世界,令自然世界的天地、自然的人性都得以条理化。

## 人定胜天

先秦时期，儒家将"天"视作有意志、有精神的宇宙万物的主宰，而人的命运由上天决定。孔子和孟子所持的观点相同，都赞同"死生有命，富贵在天"。

荀子不认同这种说法，他在吸收了道家天道自然的宇宙观，摒弃了老庄消极无为的思想之后，大胆地提出了"明于天人之分"的自然观。

《天论》开篇便提出了"天行有常，不为尧存，不为桀亡"。这就彻底否定了"天有意志"的说法，把自然界的客观规律与人类社会的发展状况区分开来。自然界的运行有自己的规律，是不以人的意志为转移的，这也就意味着，天不能干预人事，自然界的规律也不会决定社会的变化，从而强调了自然规律的客观性。

人可以发挥自己的主观能动性去改造自然，"制天命而用之"，这是荀子思想中最具积极进步意义的思想，影响了后世唯物主义的发展。

# 邹衍
## ——阴阳五行，相生相克

战国时期，阴阳家也是一个非常重要的学派，他们提倡阴阳五行学说并用此来解释当时的社会，代表人物有公梼生、公孙发、邹衍等。这一学派在我国历史上并不是主流，但对儒家和道教产生了巨大的影响。

阴阳概念最早见于《易经》，它最初是源自古人对自然的探索和总结，即向日为阳，背日为阴，后来又引申到天地、日月、昼夜、寒暑、男女、上下等方面。

五行概念最早见于《尚书》，金、木、水、火、土，这五种元素充盈于天地之间，无所不在，它们相互作用、相互发展，维系着自然的平衡。

阴阳家的理论，是以元气与阴阳相结合的观点，把许多不同类的事物一分为五，形成一个囊括一切的宇宙模式和文化体系，来说明人、自然界和人类社会之间的相互关系。

邹衍（约公元前305年～公元前240年），又称邹子，战国末期齐国人。邹衍早年间曾经学习儒学，但认为儒家之术并不受用，又因为生活在滨海之地，受到燕齐方士巫术的影响，于是自创了"阴阳变化终始论"，之后又推演出了"五德始终说"和"大小九州说"（天地广大说）。"五德始终说"是讲时间上的变化，属于纵向地看历史；"大小九州说"是讲空间的差异，是横向地看地理。所以驺衍提出要顺应天时来从政，利用五行相胜以行道。

齐宣王在位的时候，驺衍在稷下学宫求学。后来骄暴的齐闵王即位，驺衍便去了燕国。当时驺衍在各国已经享有很高的声望，行至各国都享受到了上等的礼待。燕昭王对驺衍礼遇有加，据说还曾亲自拿着扫帚为他扫地，怕灰尘落到了他的身上。于是驺衍决定为燕昭王效劳。

驺衍在燕国如鱼得水，发挥了自己的才能。但是好景不长，燕昭王去世，新上任的燕惠王对驺衍并不看重，而且听信谗言，将他监禁起来。驺衍仰天而哭，其时正是盛夏季，但天好像受到感应为之降霜。在此之后，驺衍回到了齐国。

据《史记》记载，有一次驺衍路过赵国，平原君赵胜让驺衍与公孙龙辩论"白马非马"之说。驺衍提出，所谓辩论就应该区分出不同的类型、不同的概念，不要让概念与概念相混淆，通过辩论是要表明自己的观点和立场，让大家都可以理解。那种听完了之后更加糊涂的辩论，只是用一些华丽的辞藻来偷换概念，实际上是非常有害的，也不是君子之行。所以像公孙龙的这种辩论没有什么好处。众人都同意驺衍的观点，公孙龙因此处于下风。驺衍这种"不辩"的态度，很受后人称道和学习。

驺衍著述甚多，门徒不少。他的著作文本虽未流传下来，但其观点、观念却一直在民间流传，并且影响深远。后世医卜星相的书籍，都借用阴阳五行的术语和系统来支持自己的理论。

## 哲学思想

### 阴阳说

阴阳是中国古代哲学的一对范畴。最初含义是很朴素的,表示阳光的向背,向日为阳,背日为阴,后来古人引申为对于宇宙万物相反相成性质的一种抽象性表达。

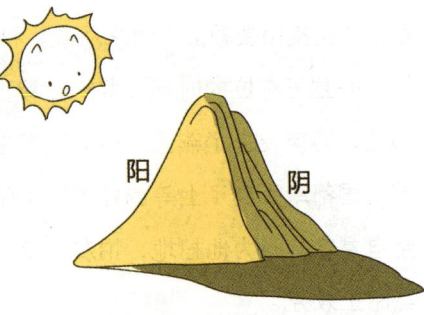

世间万物,皆有阴阳之道。天地、昼夜、日月、水火,一切事物的运动变化都可以一分为二,这样就抽象出了"阴"和"阳"两个概念。

任何事物均可以用阴阳来划分,凡是运动着的、外向的、上升的、温热的、明亮的都属于阳;相对静止的、内守的、下降的、寒冷的、晦暗的都属于阴。

阴代表着消极的、退守的、软弱的特性、事物和现象。
阳代表着积极的、进取的、强硬的特性、事物和现象。

阴阳的相互转化是指在一定条件下阴阳可各自向其对立的属性转化。它主要是指事物的总的阴阳属性的改变。阴阳二性互相统一,对立转化,此消彼长。

## 五行说

五行,原指金、木、水、火、土五大类物质,最初见于《尚书·洪范》。古人以为万物都是由这五大要素构成的,事物的发展变化是通过五行相克和五行相生来实现的。

五行的运行是循环的、周而复始的。

循环的顺序有两种。

一种是相生的:木生火、火生土、土生金、金生水、水生木。

另一种是相胜的:土胜水、水胜火、火胜金、金胜木、木胜土。

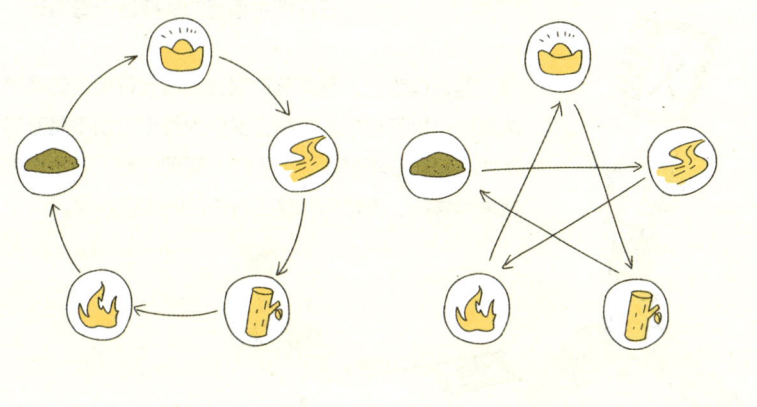

五行说不仅仅是阐述金、木、水、火、土这五种具体物质本身,同时也是对五种不同属性物质的抽象概括。

## 五德始终说

邹衍把五行说附会到社会的变动和王朝的兴替上，提出"五德始终"的历史观。他把这源于五种基本物质的五种德行的循环过程，认为是不以人的意志为转移的客观规律。即五德的运行是有一定顺序的，故谓之"五行"。

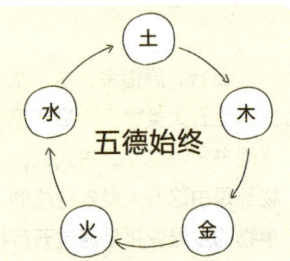

自开天辟地以来，人类社会都是按照五德转移的次序进行循环的，每一朝代都主一德，每一德都有盛有衰。盛时，它对应的那个朝代就兴旺发达；衰时，那个朝代就要灭亡。邹衍所处的时期，自黄帝（土德）以来，已历夏（木德）、商（金德）、周（火德）三代，并预言"代火者必将水"。人类社会的历史变化遵循着五行相生相克的规律进行着循环。

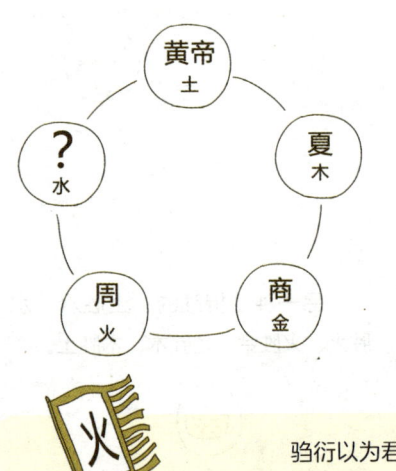

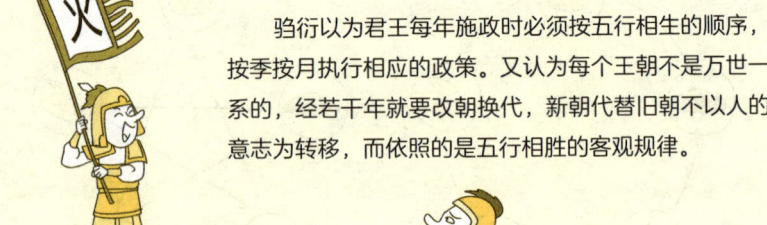

邹衍以为君王每年施政时必须按五行相生的顺序，按季按月执行相应的政策。又认为每个王朝不是万世一系的，经若干年就要改朝换代，新朝代替旧朝不以人的意志为转移，而依照的是五行相胜的客观规律。

这种以五行相克说解释王朝政权的兴废，以五行相生说解释自然季节的转移的说法，虽然带有浓厚的神秘主义色彩，但在当时深受民众的认可和统治者的重视，为齐闵王称东帝、燕昭王称北帝奠定了充实的理论基础，也被历代新王朝的统治者视为一种改朝换代的理论工具。

## 大小九州说

西周以前并没有九州的概念,只有四夷之分。《尚书·禹贡》中有了冀、兖、青、徐、扬、荆、豫、梁、雍九州的划分,驺衍久居燕齐滨海地区,这启发了他对宇宙空间广阔性的联想。

根据儒家九州说予以类推,他以为《禹贡》的九州,合而为一,统称为"齐州"(齐即脐,中央),或曰"赤县神州"。此"齐州"包括《禹贡》的"小"九州,而为一大州,其四周有稗海环绕之。

此外,天下如"齐州"者还有八个,分别是正南次州、西南戎州、正西弇州、正中冀州、西北台州、正北济州、东北薄州和正东扬州,每州皆领有其小九州,而皆被稗海所环绕。这九个大州又通通被更大的大瀛海环绕。

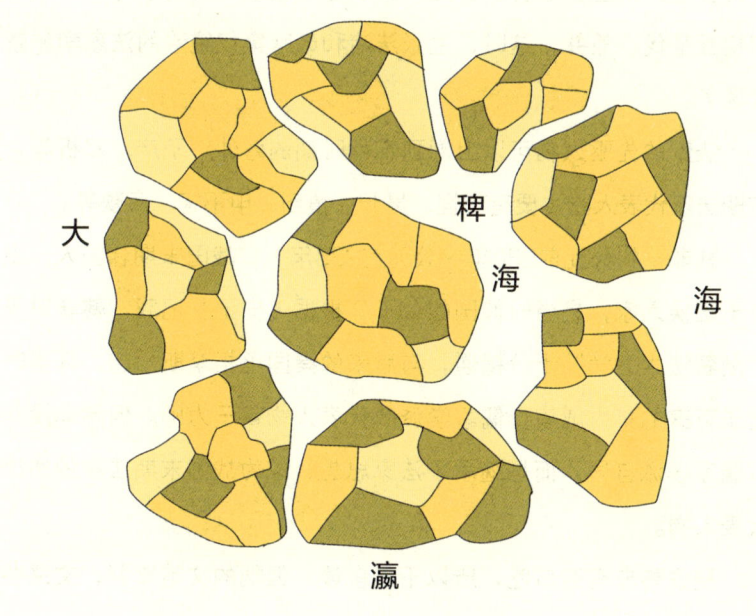

《史记》说驺衍是以小测大、以近推远而得出"大九州"说的,虽然缺少实证的根据,但是与后来发现的全球七大洲相近似,不能不说这是天才的猜想。这种对世界地理的推论性假说,在当时及后世有扩大人们地理视野的意义。

# 韩非
## ——法、术、势的结合

西周时期,社会的秩序主要是通过礼和刑来实现的,礼主要是针对贵族,刑主要是针对百姓。到了春秋战国,礼崩乐坏,诸侯之间相互征伐、兼并,这时,主张法治和鼓吹集权统治的法家学派就登场了。

法家的先驱人物可以上溯到春秋时期的管仲、子产、邓析等,前期法家代表人物主要有李悝、吴起、慎到、申不害、商鞅等。

韩非(约公元前280年~公元前233年),战国末期韩国人,出身于王侯之家,是当时韩国的公子。根据《史记》记载,韩非对于"刑名法术之学"十分精通,与后来的秦国丞相李斯一起,拜当时诸子百家的集大成者、儒家学派的代表人物荀子为师。但韩非没有以儒家学派自居,而是继承了法家思想,成为战国末期法家的杰出代表人物。

据说韩非有些口吃,所以不善言谈,但他的文笔犀利,文采斐然,文章出众。在青年时期,韩非目睹了韩国日趋衰弱,作为一个有志之士,他多次向韩王提出富国强兵的计策,力求改旧图新,但都未被接纳。韩非十分郁闷,认为这是"廉直不容于邪枉之臣",于是退而著书,写出了《孤愤》《五蠹》《内储说》《外储说》

《说林》《说难》等著作，这些作品后来集为《韩非子》一书。

公元前234年，韩非的著作传到了秦国，秦王嬴政读了之后赞叹："嗟乎，寡人得见此人，与之游，死不恨矣！"正好李斯在场，说："此韩非之所著书也。"秦王一听，一定要将韩非收入麾下，于是加紧了攻韩的步伐。

在秦兵压境之时，韩非被献给了秦王。秦王总算见到了这位自己仰慕已久的大才，十分开心。但秦王没有立即重用他，因为韩非到秦国后，上书秦王要求保存韩国。李斯本来就嫉妒韩非的才能，于是与姚贾串通一气，设计陷害韩非，进谗言说他"终为韩，不为秦"，建议秦王"以过法诛之"。于是韩非被打入大牢。

公元前233年，李斯派人送去毒药，令韩非自杀。韩非申诉无门，被迫服毒自杀于狱中。等到秦王想要放他出来时，韩非已死，秦王后悔不迭。韩非死后第三年，秦灭韩国。

韩非虽然英年早逝，但他的思想却在秦始皇和李斯的推行下得以实践。在韩非去世后，当时各诸侯国的君主与大臣竞相研究其著作《韩非子》，秦始皇在他的思想影响下，完成了统一六国的帝业。可以说，《韩非子》为中国第一个统一专制的中央集权制国家的建立提供了强有力的理论武器。

**精彩语录**

◇ 事以密成,语以泄败。

◇ 欲成其事,先败其事。

◇ 世异则事异,事异则备变。

◇ 夫严家无悍虏,而慈母有败子。

◇ 刑过不避大臣,赏善不遗匹夫。

◇ 右手画圆,左手画方,不能两成。

◇ 冰炭不同器而久,寒暑不兼时而至。

◇ 宰相必起于州部,猛将必发于卒伍。

◇ 狡兔尽则良犬烹,敌国灭则谋臣亡。

◇ 不吹毛而求小疵,不洗垢而察难知。

◇ 目失镜,则无以正须眉;身失道,则无以知迷惑。

◇ 千丈之堤,以蝼蚁之穴溃;百尺之室,以突隙之烟焚。

——以上皆出自《韩非子》

《韩非子》文章风格严峻峭刻,干脆犀利,在先秦诸子散文中独树一帜,阐述了法、术、势相结合的法治理论,是先秦法家理论的最高峰。

## 哲学思想

### 法、术、势结合

韩非总结了商鞅、申不害和慎到的思想，把商鞅的"法"、申不害的"术"和慎到的"势"融为一体，形成了一个法、术、势结合的法家思想体系。

他认为，国家想要得到治理，就需要君主掌握一套驾驭臣民的权术，同时臣下必须遵法。统治者对臣下不可太信任，还要"审合刑名"。在"法"的方面，韩非特别强调了"以刑止刑"的思想，强调"严刑""重罚"的重要性以及法的公正性。韩非认为只有保证"严刑"，君主才能够将大权掌握在自己手中，居于至尊地位。

"术"是君主暗中控制和对付群臣的方法和手段，其中既有政治艺术，也有阴谋权术。与"法"相比，法是公开的，术是秘密的。

除此之外，韩非非常欣赏慎到的论点，认为仅仅依靠法和术还不足以治理好国家，必须有"势"做保证。"势"，即权势、政权。居于统治地位的人无论是不是贤者，要"抱法处势"，君主要掌握赏罚之权，不能把这种权力交给臣子，否则就会形成有权势的大臣，所以"法治"和"势治"是结合在一起的，这样才能治理好国家。这就是韩非法、术、势三位一体的政治理论。

第一部分　古代中国的哲学

## 历史观

事物是不断发展变化的,没有什么是永恒不变的。

法家学派认为每个时代的变化都有其背后特定的因素,韩非认为,这主要是由人口因素和社会物质财富的状况决定的。

远古时代因为人口少,所以有一定的财余,这样才会少有争斗发生。

但当前的纷争时代,百姓众多,物资匮乏,这样就一定会发生争斗。

"治世不一道,便国不必法古。"如果一味地效法古代的社会制度,期望回到那种人口少的生活,那就是守株待兔的愚蠢行为。所以我们能做的就是积极地面对当前的社会生活。

## 矛盾说

韩非曾经讲述了一则"自相矛盾"的故事,说楚人卖矛和盾,一方面说自己的矛是最锐不可当的,一方面又说自己的盾是最坚不可摧的。

这时候一个看客上前拿起一支矛,又拿起一面盾牌问道:"如果用这支矛去戳这块盾,会怎样呢?"大家哄堂大笑。

实际上不可能同时卖锐不可当的矛和坚不可摧的盾,这个寓言故事揭示的是对立面互相包含、互相统一、互相排斥的道理。

当敌我双方一方持盾、一方持矛的时候,就处于相互排斥的状态;当矛和盾同时掌握在一个人手中时,矛和盾是互相统一的。

第一部分　古代中国的哲学　　057

## 自为人性论

韩非师从荀子,受到了性恶论的影响,提出自为人性论,这是一种无善无恶的自然人性论。

韩非认为人活着首先要生存,这是人人都有的私心,即"畏诛罚而利庆赏",如果仅仅靠道德的力量是没有办法维持社会稳定的。

君主应该利用人的"自为"心,也就是"利己"的心理去控制社会,继而治理国家。"人性"被置换成了"民性",人与人的关系表现为赤裸裸的利害关系。

所以韩非主张要从实际出发制定法律,要顺着人好利恶害的本性,用"威逼利诱"的方法来治理国家、驾驭臣民。从这里也可以看到法家学派的一些缺陷,秦国由弱变强和盛极而衰也反映了法家思想的不足。

# 董仲舒
## ——天人感应

小传

汉初以来的学术思想是继承了战国末期诸子百家思想的一个大集合。秦朝灭亡之后,当时各家各派都在为建立和巩固统一的汉朝政权出谋划策,其中黄老学派继承并发展了黄帝、老子的思想,认为统治者应该休养生息、无为而治,这在当时产生了一定的影响,被统治者所采纳,并且在后来出现了"文景之治"的盛世。

黄老学派,其思想宗旨以道家思想为主干,假托黄帝的名义,引进法家学说,同时还兼收了其他各派如阴阳、儒、墨等诸家的观点。这一学派主要的思想特点便是无为而治。《史记·乐毅列传》记载,黄老学派的主要代表人物有河上丈人和安期生,这两个人都是当时著名的隐士。

与此同时儒学也在悄然兴起,这时候的儒学已非春秋战国时期的儒家,而是兼容道家、法家、阴阳家的一些思想。汉武帝刘彻时期,董仲舒以孔孟之道为思想主导,兼采百家之长,融合"天人感应"思想,与时俱进,重新诠释儒家经典,成为一代儒学大师。

董仲舒(公元前179年~公元前104年),广川(今河北景县西南)人。他一生大致可分为以下三个阶段:治经讲学阶段、出仕践儒阶段和退居著述阶段。

董仲舒出生于一个殷实之家,为他研读经典奠定了客观基础。据说董仲舒读起书来常常忘记吃饭、睡觉。父亲董太公知道后非常担心,为了能让儿子劳逸结合,他决定在书房后面修筑一个花园,希望董仲舒读书累了,可以去花园散散心。不承想董仲舒一连三年读书不倦,竟没有进园观赏一眼,这就是"三年不窥园"的由来。

在30岁时,他招收学生,开课讲授。董仲舒上课有一个特点,就是在课堂上挂一副帷幔,他在帷幔里面讲,学生在帷幔外面听。

董仲舒不仅刻苦钻研儒家经典,并且博览诸子百家,将其熔于一炉。因为善治《春秋》公羊之学,被景帝册封为博士,也就是学术顾问和教育指导。

汉武帝即位后,让各地推荐贤良文学之士,董仲舒被推举参加策问。第一次策问,汉武帝问的主要是巩固统治的根本道理;第二次策问,主要是问治理国家的政术;第三次策问,则是天人感应的问题。

董仲舒正是针对武帝的策问,以天人之际,特别是"天人感应"思想为核心,阐述了"天变道亦变"的政治改革主张,直言不讳地发表对策,认为秦朝的流毒仍然存在,所以汉朝建立至今没有成为"善治"。他特别强调教化的作用,推行文化改革,确定儒家独尊的地位。董仲舒认为文化上的大一统和政治上的大一统是一致的,这种观点得到了汉武帝的认可。董仲舒对答的策文即被称作"天人三策"。

董仲舒退居之后,最重要的事情就是著书。他要构建一套以孔孟思想为核心,以阴阳五行为构架,广泛吸收了先秦诸子思想的新儒学体系。从董仲舒开始,孔子被尊奉为圣人,具有绝对的权威,儒家思想也取得了意识形态上主流派的正统地位。董仲舒也因此被史学家班固、刘向奉为"儒宗"。

 **精彩语录**

◇ 仁者所爱人类也，智者所以除其害也。　——《春秋繁露》

◇ 天之道，有序而时，有度而节，变而有常，反而有相奉。

——《春秋繁露》

◇ 循天之道以养其身，谓之道也。　——《春秋繁露》

◇ 人之受命于天也，取仁于天而仁也。　——《春秋繁露》

◇ 气之清者为精，人之清者为贤。治身者以积精为宝，治国者以积贤为道。　——《春秋繁露》

◇ 福之本生于忧，而祸起于喜也。　——《春秋繁露》

◇ 性者，天质之朴也；善者，王教之化也。　——《春秋繁露》

◇ 道之大原出于天，天不变，道亦不变。　——《举贤良对策》

《春秋繁露》宣扬以天人感应为核心的哲学—神学理论，为汉代中央集权的封建统治制度奠定了理论基础，是阐释《春秋》微言大义的一部著作。

## 哲学思想
## ——天人感应

天人感应是董仲舒政治哲学思想的理论基础和前提，指的是天和人相类相通，天能干预人事，人的行为也能感应上天，天创造人是要人来实现天的意志。

董仲舒一方面把自然现象拟人化，赋予自然现象以社会的属性，从而塑造出有意志的天；另一方面又把社会关系神秘化，以天作为社会关系的根据，认为封建社会的各种等级名分和隶属关系都符合天的规律。

在董仲舒看来，天实际上是一个人格神，社会的等级次序也由这种差异而得以确立，人们的行为如果符合天的旨意，上天就会给予奖励；如果不符合天的想法或本性，那就要予以制裁。

人们用某些宗教仪式也能感动上天，促使它改变原来的安排。董仲舒还认为，天既为人世安排了正常的秩序，就有权监督这种秩序的正常实现。于是人间便有了执行天意的人——天子，因此"唯天子受命于天，天下受命于天子"。

从这个体系来说，天的法则是人间社会关系的基础，人们的社会关系都是由天所授予的。"君权神授"也就是"受命于天"，抬高了皇帝的地位，君主的权威和天的权威同时都被确立起来。

## 人副天数

人副天数是指人是天的缩影和副本，人和天具有相同的生理的和道德的本质，这是董仲舒通过天人相统一的思维模式所建构的天人同构论。

在董仲舒看来，天与人、自然界与人类在结构上是相同的。

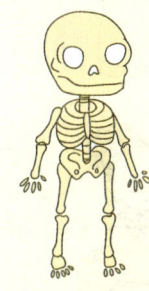

人在形体上与自然界有共同的数量关系，人的模样与天的模样一样。从形体说，人有骨节，天有时数："天以终岁之数成人之身，故小节三百六十六，副日数也；大节十二分，副月数也。"

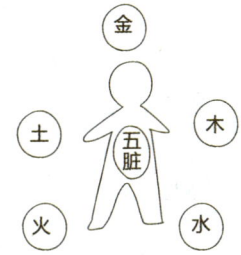

人有五脏，天有五行；
人有四肢，天有四时；
人有视瞑，天有昼夜。

从人的感情意识来说，人有好恶，天有暖晴；人有喜怒，天有寒暑；至于人的道德品质，更是"天意""天志"的体现。

## 性三品说

董仲舒把人性分为上、中、下（善、中、恶）三等，分别对应圣人之性、中民之性、斗筲之性。

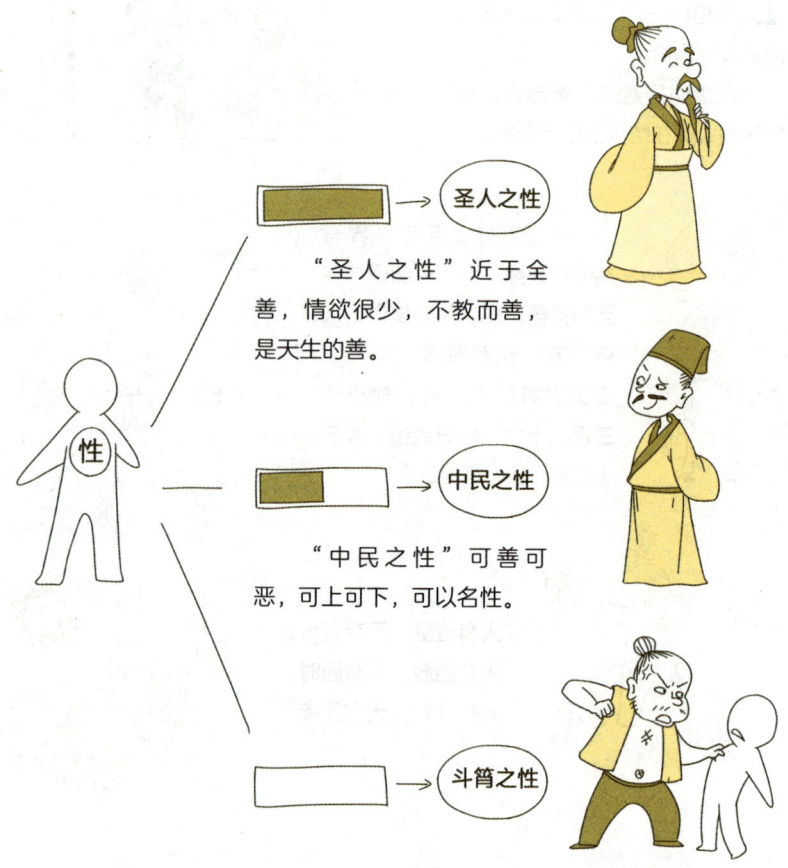

"圣人之性"近于全善，情欲很少，不教而善，是天生的善。

"中民之性"可善可恶，可上可下，可以名性。

"斗筲之性"近于全恶，是天生的恶，情欲很多，教而不化，不能为善。

## 三纲五常

儒家伦理道德思想讲君君、臣臣、父父、子子,讲仁、义、忠、信等。董仲舒在这种伦理道德的基础上提出所谓"王道之三纲",即以后所说的"君为臣纲""父为子纲""夫为妻纲"。

"五常"即仁、义、礼、智、信。"三纲"和"五常"都是"天"的意志的表现,三纲的主从关系是绝对不可改变的。五常是用来调整这种关系的一些基本原则。

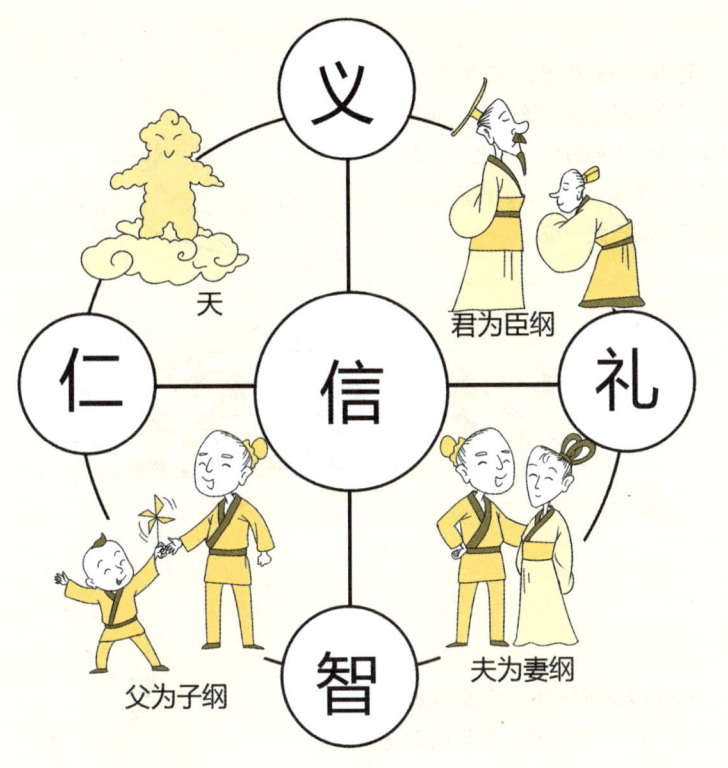

董仲舒用天意来解释社会伦理道德,在三纲之上加上了天,用来论证三纲、五常的合理性和永恒性。这样就进一步为中国封建社会的伦理道德观念的合理性提供了理论根据。到了封建社会后期,这一伦理逐步成为禁锢人们思想的枷锁,给社会发展带来很大的消极影响。

## 春秋大一统

"大一统"出自《春秋公羊传·隐公元年》。在原文中,大,即重视、尊重之意;一统,指天下诸侯一统于周天子。

董仲舒在《天人三策》中称:"《春秋》大一统者,天地之常经,古今之通宜也。"大一统为宇宙天下基本原则,社会政治也应依据天道实行大一统。

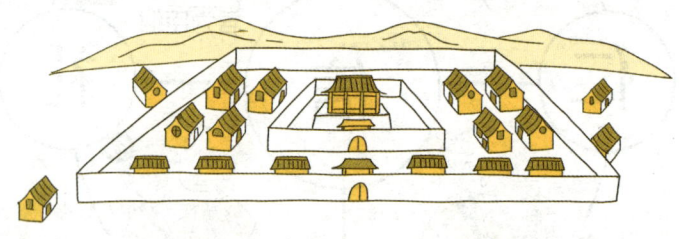

要保持这种一统的局面,就必须要有一个统一的思想,作为最高统治者的指导思想。他提出,"诸不在六艺之科、孔子之术者,皆绝其道,勿使并进",即对于不符合儒家思想的各种思想,都宣布为非法。

# 魏晋玄学时代的名士

小传

哲学家宗白华先生说:"汉末魏晋六朝可以说是中国政治上最混乱、社会上最苦痛的时代,然而却是精神史上极自由、极解放、最富于智慧、最浓于热情的一个时代。"

东汉末年,黄巾起义失败后,各地诸侯割据,开始了长期混战。从东汉末年到西晋,战乱几乎持续了近百年,在这段时期中,儒学一家独尊的地位发生动摇,以抽象性为特征的玄学则应运而生。玄学是一种崇尚老庄的学说,是综合道家和儒家思想学说的哲学思潮。这是一种富于思辨性的哲学,它较深入地探讨了宇宙本原问题,提出了一系列新的哲学范畴、概念和命题。如"有无""体用""本末","名教"与"自然"之辨,"言意"之辨等,丰富和发展了中国哲学。

"玄"出自《道德经》的"玄之又玄,众妙之门",时人将《老子》《庄子》《易经》称为"三玄",这一时期的代表人物有何晏、王弼、阮籍、嵇康、向秀、郭象等。魏晋玄学的核心是关于世界本体论的讨论,以简约、精致的思辨性而著称,一方面它在政治上继承了汉儒尊崇孔子的思想,另一方面又改造了老庄哲学,同时也牵涉哲学上各个领域,包括知识论、语言哲学、伦理学、美学等，都是前人未有触及或未能深入探讨的问题。

"名教"与"自然"的关系问题，是这一时期的核心议题。"名教"是指封建的等级名分和道德规范；"自然"则是指所谓人的本初状态或自然本性，同时也指天地万物的自然状态。

玄学思潮大体经历了三个时期，分别是正始名士时期、竹林名士时期和中朝名士时期。

正始名士代表人物是何晏和王弼。

何晏（约190年~249年），字平叔，南阳宛（今河南南阳）人，他的祖父是汉朝大将军何进。父亲亡故后，母亲改嫁曹操，他跟随母亲，但不为曹丕所容，称呼他为"假子"。曹爽得势的时候，何晏因为一向与他交好，被任命为吏部尚书，掌握实权。后因高平陵之变被诛。

王弼（226年~249年），字辅嗣，善辩，他的曾外祖父是东汉末年号称"八俊"之一的荆州牧刘表，继祖父则是"建安七子"之一的王粲。王弼比何晏小近40岁，两人是忘年之交。在何晏的推荐下，王弼被任命为尚书郎。

王弼是少年奇才，何晏听说王弼在为《老子》做注，看过之后，自愧不如，对这个二十岁不到的少年在学术上的见解赞叹不已。但王弼的人生很短暂的，他做官之后，得罪了不少人，之后身染重病，不治而亡，年仅24岁。何晏和王弼都提倡"贵无论"，认为"无"是天下之本，鼓吹"言不尽意"，主张"名教出于自然"。

竹林名士代表人物是竹林七贤，即嵇康、阮籍、山涛、向秀、刘伶、王戎及阮咸。高平陵之变之后，司马氏掌握政权，众多名士因不肯卷入政治，纷纷避世，高扬自然本性，追求自我精神的自由。他们反对名教，提出了"越名教而任自然"的主张，带有强烈的反对儒学的倾向，认为这是束缚本性的，只有遵循自然才能够保持自己的真正本性。

竹林七贤之中居首的是嵇康（224年~263年），字叔夜，曾在朝中担任中散大夫。他年轻的时候博览群书，爱好音律，无师自通，但行事不尊礼法，放荡不羁，激起了司马昭的愤怒，被司马昭找借口下了大狱，数千太学生为他请愿也于事无补。最终嵇康从容面对，赴死前弹奏了一曲《广陵散》，时年仅四十岁。

阮籍（210年~263年），字嗣宗，曾做过步兵校尉。他有一项稀奇的本事，就是"青白眼"，遇到不喜欢的人，瞪着白眼球；遇上他赞赏的人，露出黑眼球。在司马氏和曹魏之间，阮籍选择了一条中间道路。他借酒隐身，在他的理想中，只有内心超越时间和空间的限制，精神才能得到彻底的解脱。

山涛（205年~283年），字巨源，早年孤贫，是竹林七贤之中年事最长，也是竹林之游实际的组织者和人事核心。他八斗而醉，却被一篇《与山巨源绝交书》斩断了与嵇康的友谊。向秀（约227年~272年），字子期，少年时即以文章俊秀闻名乡里，善于给《庄子》做注。刘伶（约221年~约300年），字伯伦，他就是一个醉鬼，被称为"醉侯"，朝廷多次征召他入朝为官，都被他拒绝。王戎（234年~305年），字濬冲，出身琅玡王氏，据说能直视太阳而不目眩。他既富贵又吝啬，传闻他经常与夫人手执象牙筹计算财产，日夜不辍。阮咸，生卒年不详，字仲容，精通音乐，善弹琵琶，"阮咸"这一乐器是因为阮咸擅长演奏而得名。他们多有放荡不羁的一面，也是人人仰慕的贤人。

中朝名士代表人物是裴頠和郭象。裴頠（267年~300年），字逸民，河东闻喜（今山西绛县）人，其父为魏晋著名学者裴秀。裴頠博学弘雅而有远识，著有《崇有论》和《辩才论》，但《辩才论》还没有写成他就被赵王司马伦所害了。

郭象（252年~312年），字子玄，河南洛阳人，做过黄门侍郎、太傅主簿，时称"王弼之亚"，他喜好老庄，善于清谈，"口若悬河"就是来形容他的。郭象注的《庄子》代表魏晋玄学理论发展的顶峰。

这一时期的玄学另辟蹊径，创立了一套新的"无为而有为"的理论，同时调和名教与自然的关系，他们不赞成把名教与自然对立起来，认为名教完全符合人的自然本性，而人的本性的自然发挥也一定合于名教，提出"名教即自然"的儒道合一说，也积极地参与政治。

总的来说，玄学是当时一批知识精英跳出传统的儒家传统，对宇宙、社会、人生所作的哲学反思。另外，魏晋玄学阶段对中国审美哲学的形成有着根本性的影响。玄学所带来的不仅是精神的超越与自由，同样也是艺术创作的自由。后来我们在谈论到中国艺术的时候都会说中国的艺术强调的是境界和意境，这种领悟都可以从玄学的思辨中看到。

 **精彩语录**

◇仁者不以盛衰改节，义者不以存亡易心。

——《三国志·魏志·何晏传》

◇凡物，穷则思变，困则谋通。　——王弼《周易·困卦注》

◇万物虽贵，以无为用，不能舍无以为体也。

——王弼《老子注》

◇意以象尽，象以言著。故言者所以明象，得象而忘言；象者所以存意，得意而忘象。　——王弼《周易略例·明象》

◇内不愧心，外不负俗，交不为利，仕不谋禄，鉴乎古今，涤情荡欲，何忧于人间之委曲？　——嵇康《卜疑集》

◇在上而不凌乎下，处卑而不犯乎贵。　——阮籍《通易论》

◇天下莫不相与为彼我，而彼我皆欲自为，斯东西之相反也。然彼我相与为唇齿，唇齿者未尝相为，而唇亡则齿寒。故彼之自为，济我之功弘矣，斯相反而不可以相无者也。

——郭象《庄子注》

◇使群才各自得，万物各自为，则天下莫不逍遥矣。

——郭象《庄子注》

魏晋时期的著作多为对"三玄"（《老子》《庄子》《周易》）的注解和诠释，如何晏的《道德论》，王弼的《老子注》《周易注》《周易略例》，嵇康的《声无哀乐论》和《养生论》，阮籍的《通易论》《通老论》《达庄论》《咏怀诗》，裴頠的《崇有论》，郭象的《庄子注》。

## 哲学思想

### 贵无论

何晏与王弼都主张贵无论，其阐释继承了《道德经》中"有生于无"的观点，有无是作为宇宙生成序列上的一个环节而出现的。

王弼认为世界上形形色色的个别存在物（有）是现象（末），而在现象之后有一个更根本的东西，是万物的本体（本），叫作自然，也叫作无。如果要全面了解"有"，就必须把握它的根本"无"。

无即自然，因此名教出于自然。既然名教出于自然，那么统治者就应该根据自然的原则来管理国家。贵无运用到政治上，则主张以寡治众，"执一统众"，即无为而治。

根据贵无的原则，王弼还衍生出"得意忘象"观念，也就是重视精神而忽视形式。这对中国古代诗歌、绘画、书法等艺术理论也有一定影响。

## 越名教而任自然

越名教而任自然是嵇康、阮籍等人提出的哲学命题。

他们崇尚自然,认为自然是宇宙本来的状态,是一个有规律的、和谐的统一整体,其中没有任何矛盾冲突,而人类社会又是自然的一部分,也本应是一个无利害冲突的和谐整体。

一个人心神安宁,内心就不会充满欲望;一个人思想豁达,情感就不会受到欲望的约束。

内心不求名利,就可以超越名教的牵绊而处于自然的状态中;情感不受欲望束缚,就能够透彻地了解事物。这就是说,一个人不仅要冲破传统的道德规范的罗网,而且要抛弃功名、利禄和其他一切个人欲望与得失。

第一部分　古代中国的哲学　　073

## 崇有论

崇有论是一种以有为体的哲学思想，与贵无论相对，代表人物为西晋的裴頠。

裴頠认为，世界万物是互相联系、互相依赖的，并不需要有一个虚无的道来支持。

道不是虚无，而是有的全体，离开万有就没有独立自存的道，道和万有的关系是全体和部分的关系。万物的本体就是事物自身的存在，万物皆因"有"而生成，不能从"无"而派生。

无不能对事物的存在和发展起积极作用，只有有才可以做到，提倡有为而治。

## 独化论

郭象反对有生于无的观点,认为天地间一切事物都是独自生成变化的,万物没有一个统一的根据,万物之间也没有任何的资助或转化关系。

"独化于玄冥之境"是对郭象哲学最为简要的概括。

在名教与自然的关系上,郭象不赞成把它们对立起来,他调和二者,认为名教合于人的本性,人的本性也应符合名教。名教即自然,自然即名教。

他以此论证封建社会等级制度的合理性,认为社会中有各种各样的事,人生来就有各种各样的能力。有哪样能力的人就做哪一种事业,这样的安排既是出乎自然,也合乎人的本性。

# 僧肇
## ——玄佛合流

公元前6世纪至前5世纪,乔答摩(约公元前623年~约公元前543年)在古印度(今尼泊尔境内)创建佛教,之后被尊称释迦牟尼,意思是释迦族的圣者,又被尊称为佛或佛陀,意思是觉悟者。

佛教大约经历了原始、部派、小乘、大乘、密教等发展时期,基本思想是世间无常、人生是苦、因果报应、生死轮回,教义总纲是"苦、集、灭、道",号召人们只要按照佛教的指引,用"戒定慧"来克服自己的"贪嗔痴",彻底洞察现实世界的虚幻性,就能得到解脱,跳出苦海,进入涅槃。

东汉明帝时期,佛教传入中国。在当时,它被视为一种方术,与汉代流传的谶纬神学、黄老道家学说共存。在中国历史上相当长的一段时间内,尤其是从魏晋南北朝到宋初,中国第一流的思想家大多是佛学家。在经过漫长的中国化之后,佛教文化成为中国传统文化中与儒、道并立为三的重要组成部分,影响了中国文化的方方面面。其中,佛典的翻译和传播具有十分重要的意义,只有建立在中国化的佛教的基础之上,佛教才能真正融入中国社会。

魏晋时期,由于动荡和混战的社会大环境给人们带来了无穷无尽的灾难,佛教便借此宣传生死轮回、因果报应等思想,把人们的目光从痛苦的现实转移到无法验证的来世上。佛教一方面十分注意依附迎合中国传统的思想文化,另一方面也在努力调和与儒、道思想矛盾,结合当时出现的玄学思潮,将佛教义学发展为般若学说,称为"玄佛合流"。代表人物有道安、支遁、僧肇等。

僧肇(384年~414年)是其中影响力最大的一位,他俗家姓张,陕西西安人,小时候生活艰苦,经常帮人抄写书稿来补贴家用,所以阅读了大量的经典。有一次,他接触到了佛教的《维摩诘经》,大受震撼,于是立志出家为僧。

僧肇出家之后,对佛经进行了深入辟理的研究,他才华横溢,名震关中。当时,著名高僧鸠摩罗什(344年~413年)在甘肃传播佛法,僧肇慕名前往,被鸠摩罗什收为门下第一位弟子,之后便开始参与佛经的繁杂翻译工作。

《般若经》本是印度佛教中的一部大丛书,其基本意义是证明客观世界是虚幻的、不真实的。僧肇在追随鸠摩罗什的十多年里,因参与翻译大乘中观的经典,对于大乘般若性空的观念有了深入的理解,并在此基础上对魏晋以来流行的各家般若学说都进行了深入的剖析,全面而又系统地讨论了般若性空的观念。罗什评价他是"法中龙象",被称为罗什门下"四圣"或"十哲"之一,人亦称为"中华解空第一"。

后秦弘始十六年(公元414年),僧肇英年早逝,年仅31岁。关于僧肇的死亡,西藏地区的史料中透露出一些信息。据说当时后秦皇帝姚兴的一个宠妃仰慕僧肇的才学,倾心于他,可是僧肇不为所动。这个妃子就将自己的发簪藏在僧肇的床榻之下,然后去向姚兴告状,说僧肇调戏她。姚兴大怒,下令将僧肇处死。关于这个传言究竟是否可靠,还有争议。

僧肇被后世尊为三论宗祖师之一。"三论"是指鸠摩罗什所译的《中论》《百论》《十二门论》,它们的流行是魏晋以来般若学的延伸。僧肇的《肇论》被推为中国三论学的经典,僧肇以"非有非无"的哲学思辨,比较完整而准确地阐发了般若性空学说,不仅克服了六家七宗时代般若学解空的种种局限性,而且在融会中外思想的基础上围绕着般若空义构建了中国佛教史上第一个比较完整的中国化的佛教哲学体系,把般若学说在中土的发展推到了顶峰,为佛学结束对传统思想的依附而走上相对独立发展的道路作出了重要的贡献。

在隋唐时期,吉藏正是在继承鸠摩罗什、僧肇之学的基础上创立了中国佛教宗派"三论宗"。

 **精彩语录**

◇ 圣人虚其心而实其照,终日知而未尝知也。

——《般若无知论》

◇ 旋岚偃岳而常静,江河竞注而不流,野马飘鼓而不动,日月历天而不周。

——《物不迁论》

◇ 以名求物,物无当名之实;以物求名,名无得物之功。物无当名之实,非物也;名无得物之功,非名也。是以名不当实,实不当名,名实无当,万物安在?

——《不真空论》

◇ 不动真际为诸法立处。非离真而立处,立处即真也。

——《不真空论》

僧肇的《肇论》包括四篇文章,分别是《不真空论》《物不迁论》《般若无知论》《涅槃无名论》。

## 哲学思想

### 苦集灭道

四圣谛"苦集灭道"是佛教的基本教义。

苦谛指的是人世间所有的苦，如病痛之苦、得不到之苦等；集谛指的是产生痛苦的原因，如贪婪、报复等；灭谛又叫作苦灭圣谛，指的是一切苦被消除、解脱后的状态，即涅槃的状态；道谛指的是达到灭谛的方法，即证悟佛法、达到涅槃的方法。

在四圣谛中，集谛是因，苦谛是果；道谛是因，灭谛是果。不过集谛、苦谛是世间法的因果，而道谛、灭谛是涅槃解脱的因果。

世间法

涅槃解脱

八正道是达到涅槃的八种方法。正见，坚持佛教四圣谛的真理；正思维，思四谛理，离诸杂念；正语，诚实可靠，不妄语、恶口等；正业，不作杀生、偷盗、邪淫等恶行；正命，过符合佛陀教导的正当生活；正精进，消除烦恼习气；正念，学会觉知自己，认识自己；正定，禅定，静坐和止观等。

## 动静观

僧肇的名作《物不迁论》是解释动静观的典范,他根据《般若波罗蜜多经》、《摩诃般若波罗蜜多经》以及《大智度论》和《中论》有关"法无去来,无动转者"的说法,认为事物本无"来",亦无"去",表面上看事物在运动,实际上并没有运动。

僧肇将时间划分为"昔"(过去)、"今"(现在)、"往"(将来)三个阶段。

他认为,"昔物不至今",就是说,过去的事物只能存在于过去的时间,无法存在于现在的时间。昨日之花就是昨日的,与今天的花并不是一回事。

事物总是存在于一定的时间中,我们不能够打破时间的界限来妄谈来去。这就叫"不来亦不出"。

## 不真空论

"诸法虚假,故曰不真。虚假不真,所以是空。"不真空论主要针对东晋般若学派"六家七宗"中谈"空"时的各家说法而作的论述。

心无宗只是无心于万物,至于万物是否为空,可以不管,实是对"有"的下定。即色宗只是以万物没有自体为空,而并不否认万物本身的存在。这是对"空""有"都做相对的理解。本无宗以无为本,主张万物和精神都是绝对的空。

僧肇驳斥了诸家的观点,认为他们都没有真正从有与无的关系上理解空的意义。说有并不是指有真实的物体存在,万物都赖因缘条件产生,本身无自性,故只是"假名"而已;说无也不是指绝对虚无,一无所有,就好像幻化变现出来的人,并非这个人不存在,只是它不是真的人罢了。

所以,他认为"万物之自虚,不假虚而虚物",并非离开具体的事物而另有一个无、一个空,然后凭借这个无、空去否定万物。而是要领悟到"立处即真",凡有物的地方就有空,空存在于万物之中,与物相即而不相离,这才是般若学中的空义。

# 朱熹
## ——儒道佛的融合

理学又称道学，有广义和狭义之分。广义的理学，泛指以讨论天道性命问题为中心的整个哲学思潮，包括各种不同派别。狭义的理学，专指以二程、朱熹为代表的，以"理"为最高范畴的思想学术体系。理学是以反对佛老的姿态出现的，它一方面指责佛老的虚无主义，认为它们破坏了封建伦理秩序，另一方面又从佛教与道教那里汲取了许多哲学观点，从而丰富了自己的哲学体系。从某种意义上说，理学思想体系是儒家思想和佛教与道家、道教思想的融合。

朱熹是继孔子、孟子之后，我国古代社会最有影响的儒家代表，也是宋代理学的集大成者。在他之前，有一个"北宋五子"的理学家群体，即周敦颐、邵雍、张载、程颢、程颐。周敦颐（1017年～1073年）是北宋理学的开山鼻祖，他融合了道家的无为思想和儒家的中庸思想，初步建立了一套综合探讨宇宙本原、万物生成、人性、封建伦常等问题的理论体系，为日后宋明理学的建立提供了核心骨架，代表作是《太极图说》。邵雍（1011年～1077年）为北宋先天象数学的创立者，形成了对《周易》的独到理解，代表作是《皇极经世》。张载（1020年～1077年）发展了气一元论的思想，横渠四句"为天地立心，为生民立命，为往圣继绝学，为万世开太平"历代传颂。程颢(1032年~1085年)和程颐(1033年~1107年)为北宋理学的奠基者,师从周敦颐,建立了系统的以精神性的"理"为核心的学说体系。

朱熹(1130年~1200年),字元晦,号晦庵,生于福建尤溪,晚年定居建阳考亭。朱熹14岁丧父,其父临终时,把他托付给刘勉之、胡宪、刘子翚。刘勉之为杨时门人,后来把女儿嫁给朱熹。胡宪、刘子翚好佛,所以朱熹早年出入佛老。31岁时,朱熹师从李侗(程颐之徒杨时再传弟子)转向儒学。当时人称他"遍交当世有识之士,虽释、老之学,亦必究其归趣,订其是非",出佛入老,泛滥于百家。

朱熹19岁考中进士,历事高宗、孝宗、光宗、宁宗四朝。自登第到去世的50多年间,担任地方官9年,其余时间则在武夷山下建立起的"理学圣地"——紫阳书院过着讲学和著述的生活。

他在与同时代的思想大家的论辩中,形成了自己独特的学术主张。他以二程理学为宗,吸收、融会了周敦颐、张载、邵雍等人的学问,承继孔孟道统,兼采释、道各家思想,构筑起中国封建社会后期博大精深的理学体系。

朱熹所建立的学派被后人称为"闽学"。他的学说在当时并没有被官方认可,晚年还因庆元党案被打成伪学,著作被禁或毁,弟子、门生60多人受到迫害。逝后5年后方得昭雪,谥文公并配祀孔庙。

朱熹之学被官方接受是在元代以后。元代以朱子的著作为科举考试的标准文本,一举确立了朱熹的官方地位。经明、清两代统治者的大力提倡,朱熹的地位越来越高。清代,朱熹被列为孔庙的十二哲之一,他的思想先后传入东亚、南亚,成为韩国、日本、越南等国家的官方哲学。

**精彩语录**

◇读书有三到，谓心到，眼到，口到。心不在此，则眼看不仔细，心眼既不专一，却只漫浪诵读，决不能记，记亦不能久也。三到之中，心到最急。心既到矣，眼口岂不到乎？——《训学斋规》

◇勿谓今日不学而有来日，勿谓今年不学而有来年。日月逝矣，岁不我延。——《劝学文》

◇少年易老学难成，一寸光阴不可轻。未觉池塘春草梦，阶前梧叶已秋声。——《劝学诗》

◇问渠那得清如许，为有源头活水来。——《观书有感》

◇为学须先立志。志既立，则学问可次第着力。立志不定，终不济事。——《朱子语类》

◇读书无疑者须教有疑，有疑，却要无疑，到这里方是长进。

——《朱子语类》

朱熹为学勤勉，著作颇为广泛。《朱子语类》是朱熹与其弟子问答的语录汇编，是后人全面了解朱熹思想的一部珍贵历史文献。

## 哲学思想

### ——太极

太极是朱熹哲学思想的核心,太极即理,"总天地万物之理,便是太极"。太极中最主要的是仁、义、礼、智这四种道德原则。

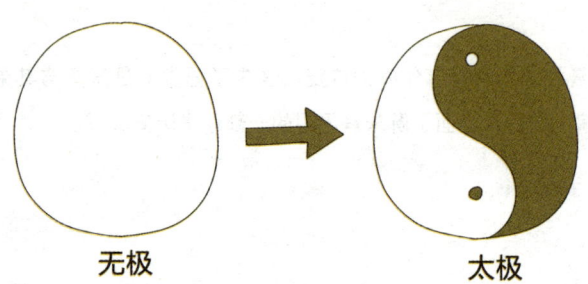

无极　　　　　　太极

无极是对太极的修饰。从器物的角度来说,无极就是无形,太极则是无形无象。从本体论来说,太极为逻辑在先的最高者,是确凿真实的,不因形象的变动而迁流,不因事物的幻现而虚无。通过对"无极而太极"的诠释,一方面维护了周敦颐开创的道学体系,另一方面也深化了程朱理学的思想内涵。

## 理一分殊

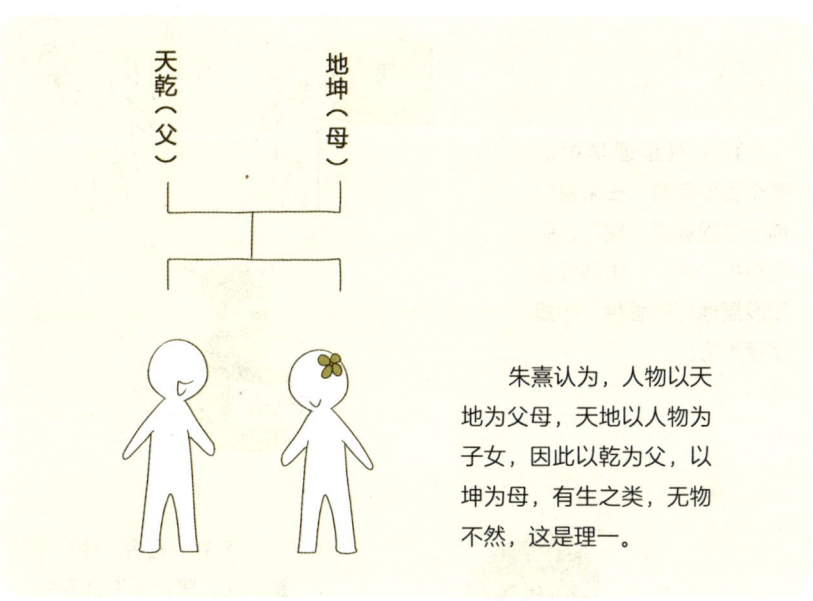

朱熹认为，人物以天地为父母，天地以人物为子女，因此以乾为父，以坤为母，有生之类，无物不然，这是理一。

但人物之生，又各有所亲，各有其子，所以仁爱的原则在实施上就呈现出亲疏有等的差别，这便是分殊。

朱熹强调，虽然施行上根据亲疏有等其具体行为规范表现不同，但体现的道德原理是一致的。

## 理本气末

理、气是理学中的两个重要范畴。在朱熹以前,二程多讲"理",张载重视"气",朱熹继承和发展他们的思想,构建了理气论。

其中,理是一般,气是个别,理与气不离不杂,理不离气,气不离理,理、气相即。所谓太极,正表明理、气一体浑成的特点。

理是第一性的,气是第二性的,理为形而上者,气为形而下者。理与气构成了世界的两大根据。理、气不同类,并且,理更为根本,是事物存在的根据。这就是朱子的理、气既不相离又不相杂的思想。

## 格物穷理

朱熹认为,人的心中生来就含有一切事物之理,但心虽含有万理而不能直接自己认识自己。

天下的万物,都是有理的,人心的灵明,都是有知的,必须通过格物功夫,就事物加以研究,然后才能达到心的自己认识。

致知作为格物的目的与结果,就是使心之知达到对天下事物之理的了解与把握。

## 存天理灭人欲

朱熹认为，理是至善的，天理是至善的道德标准，而人欲则是一切不善行为的根源。只有克服和去掉人欲，才能保存和恢复天理。

人欲只指人心中为恶的一面，而不包括人心中合理的欲望、可以为善的一面。

人们的一切思虑、一切动机，都必须符合道德的标准，而一切违反封建道德的要求都必须消除干净。

朱熹的"天理人欲之辨"，实际是用封建伦理纲常压制人们的物质欲望，这在当时以及后来所起的主要作用是消极的。

# 王守仁
## ——知行合一

小传

心学是儒家的一个重要学派。朱熹的好朋友陆九渊被认为是宋明两代心学思想的奠基人，他们二人曾经就各自的思想观点展开了激烈的辩论，史称"鹅湖之会"。陆九渊（1139年～1193年），字子静，号存斋，江西金溪人，因曾在象山讲学，人称"象山先生"，他主张心即理说，认为宇宙便是吾心，吾心即是宇宙。在学习方法上，陆九渊鲜明地提出了"六经注我，我注六经"的观点。他的思想主要被王守仁所继承发展，形成陆王学派。

王守仁（1472年～1529年），浙江余姚人，字伯安，曾经在绍兴会稽山阳明洞中修学，又称阳明先生。他在对儒释道三家学说的潜心研究和先人的思想基础上，将心学发扬光大，是心学的集大成者。

王守仁出身于书香门第，他的母亲怀孕十四个月才生下他。据说他的祖母梦见天神抱一赤子，从天而降，祖父于是为他取名为王云。小时候的他异于常人，不会说话，在5岁时得到高人指点，改名王守仁，才开口说话。

王守仁天资聪慧，少年时期他豪迈不羁，特立独行，15岁就游历边塞。

王守仁曾问老师什么是天下第一等事,老师回答说读书做官。王守仁不赞成这种观点,他认为读书是为了成为圣贤。

在他17岁时,父亲为了束缚他那不羁的个性,给他娶了妻。谁想结婚的当天,他外出与一个道士相对静坐,忘了新娘,可见其行为放逸。

第二年,王守仁带着妻子回老家,途经广信,去拜访了当时的儒学大家娄谅。娄谅告诉他"格物致知"的道理。王守仁回到家乡便开始奋发图强,"格"了七天七夜的竹子,结果什么道理都没有发现,人却因此病倒。之后他在余姚便又恢复了舞文弄墨的兴趣,和周围的人一起建立诗社,喝酒吟诗。

后来祖父王伦去世,给了王守仁很大的打击。在父亲的督促之下,他开始准备科举考试。可他虽然学识渊博、才华横溢,但科考两次落第,到28岁第三次参加的时候才进士及第。

步入仕途后,宦海沉浮。正德元年(公元1506年),王守仁因得罪宦官头目刘瑾,被发配到贵州龙场驿。在贵州时,他的思想发生质的转变,提出"圣人之道,吾性自足,不假外求",史称"龙场悟道"。刘瑾被诛杀后,他升任南京刑部主事。在此期间,皇室贵族宁王朱宸濠起兵谋反,王守仁短期内就生擒朱宸濠,平定了内乱,最终官至南京兵部尚书、都察院左都御史。

王守仁不仅精通儒学、佛学和道学,还能带兵打仗,在文治和武功两方面取得了极大的成就,被认为是"中国历史上罕见的全能大儒"。

在文治上,他突破了朱熹格物穷理的"格物致知"之说,逐步创立自己的学术体系。王守仁的学说是对于当时思想界的反抗,其思想主要继承自陆九渊,在观点上强调"心与理一",在方法上强调简单直接。他虽然发扬了陆九渊的心学，却并非单纯地继承，而是有所创新，提出"知行合一"和"致良知"，死后被追赠"文成"的谥号。

在武功上，青年时期王守仁就曾经独闯边塞，发誓一定要学好兵法，为国效忠。他先后平定漳南与赣南山贼之乱、宁王朱宸濠叛乱和广西少数民族叛乱，战功显赫，死后被追赠"新建侯"的爵位。他在镇压叛乱的过程之中，领悟到"破山中贼易，破心中贼难"。这里的"心中贼"，指的就是那些不利于封建统治阶级根本利益的思想，是指劳动人民不能忍受压迫而萌发的造反念头。

史书评价王守仁，"有明三百余年江山，以文臣治军者，无出守仁之右。上马为将，下马为师，文能安邦定纬，武能保家卫国"。

## 精彩语录

◇ 故立志者,为学之心也;为学者,立志之事也。

——《王阳明全集》

◇ 知者行之始,行者知之成。 ——《传习录》

◇ 日间工夫觉纷扰,则静坐。觉懒看书,则且看书。是亦因病而药。 ——《传习录》

◇ 一友指岩中花树问曰:"天下无心外之物,如此花树,在深山中自开自落,于我心亦何相关?"先生曰:"你未看此花时,此花与汝心同归于寂;你来看此花时,则此花颜色一时明白起来,便知此花不在你的心外。" ——《传习录》

◇ 俯仰天地间,触目俱浩浩。箪瓢有余乐,此意良匪矫。幽哉阳明麓,可以忘吾老。 ——《王阳明全集》

◇ 身之主宰便是心,心之所发便是意,意之本体便是知,意之所在便是物。 ——《传习录》

王守仁一生的语录、书札及其他论学诗文,被后人收集编为《王阳明全集》,其中《传习录》是弟子记录王守仁的学术讲话及论学书信的集子,受到士人百般推崇。

## 哲学思想

### 心即理

王守仁继承了陆九渊的思想，也以"心即理"为基本命题，并强调"心外无物""心外无理"。他认为朱熹的错误就在于把心与理分别为二。

按照格物致知的方式，不去总结人们培植竹子的经验，而只是面对着竹子进行主观的苦思冥想，当然不可能得到任何竹子之理。

事物的规律就是"理"，是离不开"心"的认识的，离开认识主体去寻求事物的规律，这样的事物规律是没有的。同样，离开事物规律来讲认识主体，这样的认识主体，也没法说是什么。

事实上，事物的规律是不以人们的认识主体和主观意识为转移的客观存在。断言心即是理，就是利用"心"能认识和反映客观事物的规律。

## 致良知

致良知是王守仁晚年提出的主要思想,是阳明心学的主旨。致,有恢复、修复之意。良知原出自《孟子》,指一种不虑而知的天赋道德观念,是一种不假外力的内在力量。

王守仁认为"良知即是天理",这是人心本有的天地造化的根本,不是因为认识了外物才有的良知。所以,致良知首先要求的就是认识和恢复内心固有的天理。

人的良知是世间万物存在的依据,物是人意识的表现,精神、意识是第一性的,万物则是意识的派生,离开了人天赋的良知,就无所谓万物了。

只要能致良知,那就不必死记关于道德的教条,而一切行为自然就合乎道德的标准,到什么时候应该怎样做,良知自会知道。

王守仁的致良知论,本质上就是认为道德为一切人所生来固有的东西,道德是自发的而不是强制的,是内在的而不是外来的,这样使人更容易接受道德原则的约束。他又强调个人的主观能动性,就不会陷入道德上的教条,在日常生活中可以灵活变通。

## 知行合一

王阳明在认识论上反对程朱的"知先行后",主张"知行合一",把它当作实现致良知的方法之一。他认为,如果人能够保持良知的本体的话,知行应当是同一的。

王阳明认为,"知是行之始,行是知之成"。

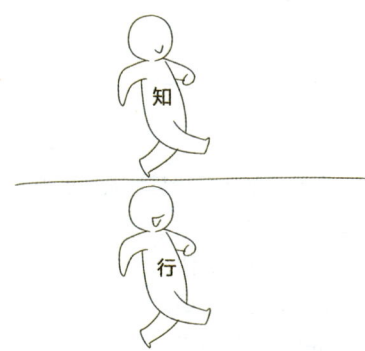

知是指良知,具体说就是孝、悌、忠、信等封建道德规范;行是知的表现形式,行是指人的实践,是知的补充,要排除心中的私欲,使纯乎天理的良知得以自然发用流行,以实现道德原则。

知与行的合一,是指认识事物的道理与在现实中运用此道理密不可分,知与行互相联系、互相包含、不可分割。

## 四句教

王守仁晚年曾将其教人的主张概括为四句话：
无善无恶心之体，
有善有恶意之动，
知善知恶是良知，
为善去恶是格物。
这就是四句教。

他认为，心本来是超乎善恶对立的，所以无善无恶；意念发动，便有善恶之分；良知自然能分别善恶；道德修养就在于为善去恶。良知也就是是非之心，也是好恶的情感。

# 王夫之
## ——力行而后知之真

 小传

明清之际，中国封建社会开始从发展走向衰老，社会变革激烈，危机四伏。中国古代哲学思想经过前代的积累和发展，变得丰富而厚重，在接下来的历史进程中，它不仅为人们所传承和弘扬，也不断为人们所审视和估量。

这一时期也是名家辈出的时代，其中黄宗羲、顾炎武、王夫之是众多思想家的杰出代表，被后人尊称为"清初三大儒"。他们著述宏富，成为哲学、史学、文学等领域的集大成者与开拓者，开清学之风气。由于三人的社会遭遇各异，学术造诣各有专长，他们的治学方向和学术风格明显不同，甚至学术命运也迥异。黄宗羲（1610年～1695年）被尊为清代浙东学派的开山祖师，顾炎武（1613年～1682年）被奉为乾嘉考证学的鼻祖，而王夫之直到近代，随着社会剧变、学术思潮的演进，他的学术思想和学术地位才逐渐得到重视和提高。

王夫之（1619年～1692年），湖南衡阳人，字而农，号姜斋，别号一壶道人，因其晚年隐居于衡阳石船山附近，自称船山病叟，学者称其为"船山先生"。

王氏家族祖上是以武功起家，世袭武职。但王夫之的父亲爱好儒学，对他产生了重要的影响。

王夫之3岁入家塾发蒙，在他的兄长引领下，对六经产生了兴趣。14岁就考上了秀才，进入衡阳县学读书。19岁娶妻，婚后他来到长沙岳麓书院求学。岳麓书院是中国古代著名的四大书院之一，朱熹、王阳明都曾来此讲学。在此求学期间，王夫之结识了一批志同道合的学子，参加了"行社"。

1639年，王夫之回到衡阳，组织了"匡社"。所谓"匡"就是匡扶社稷、匡扶天下之意。1642年，王夫之以《春秋》学第一考中举人第五名，受到督学的器重，他的兄长王介之也同时考中。

1644年，李自成在西安建大顺政权，后攻陷北京，崇祯帝在紫禁城后的煤山（今景山）吊死。当时，王夫之隐居于南岳莲花峰下，听到政变消息，痛哭不已。

后来入关的清军攻陷南京，一路南下，不久就占领了大半个中国。王夫之建了续梦庵，意为反清复明。他决心"虽死不辱、绝不剃发"，和好友举兵抗清，但因消息走漏，被清军镇压。失败后，他投奔南明永历政权，任职行人司。永历王朝内部官员腐败严重，党争又起，武将不和，王夫之因弹劾权奸，险遭残害。

此后，王夫之隐伏湘南一带，和夫人郑氏及侄子为避兵乱过了近4年的流亡生活，1657年，王夫之结束湘南流亡生活，回到南岳续梦庵中。1675年，王夫之迁居湘西草堂，此后一直居住于此。

王夫之自知抗清复明无望后，逐渐转移注意力，潜心研究经史子集，著书立说，授徒讲学。

三藩之乱时，年近六十的王夫之大受振奋，又开始为复兴故国奔走操劳。吴三桂自立为帝，请王夫之出山，被他婉拒，他自称自己是永历朝旧人，绝不会出仕任何新朝。

王夫之晚年生活非常艰苦，身体也不太好，一家人的生活全靠几个学生接济。1692年，王夫之在湘西草堂去世，终其一生经历了亡国、家破、被害、流亡等困苦，坚守遗民志愿，誓不降清。他自题墓石："有明遗臣行人王夫之，字而农，葬于此。"并作墓志铭："抱刘越石之孤愤，而命无从致；希张横渠之正学，而力不能企。幸全归于兹丘，固衔恤以永世。"

　　王夫之一生主张经世致用，批判陆王，改造程朱，抨击佛老，吸收墨法，曾自题堂联曰："六经责我开生面，七尺从天乞活埋。"王夫之被认为是中国古代朴素唯物主义的集大成者，是湖湘文化的精神源头之一，近代湖湘文化的代表人物谭嗣同、毛泽东等皆深受船山思想的影响。

**精彩语录**

◇无他,在知其人之言,而不知古今先哲之言也。

——《船山全书》

◇盖心原以应事,而事必有其理。其事其理,则皆散见于文而可学也。 ——《船山全书》

◇是故苛政之足以败亡,非徒政也,与小人为类,而害乃因缘以蔓延。倡之者初所不谋,固后所必至也。 ——《船山全书》

◇物之有本末,本者必末之本,末者必本之末。

——《船山全书》

王夫之一生著述有100多种,400多卷。晚清曾国藩曾在金陵大批刊刻《船山遗书》,使王夫之的著作得以广为流传。

## 哲学思想

### 理气论

气是王夫之哲学最重要的范畴。他非常推崇张载的气论,把"太虚""太极""太和""诚"等范畴都讲成气。

气是天地万物之间的唯一真实,阴阳二气充满于天地之间,天地万物正是因为有气,所以才具有了存在的意义。

在理、气关系的问题上,王夫之主张"理在气中"。

气是运动流变的,是变化日新的物质实体,而在其变化的过程中所呈现出来的必然性,就是理。理是事物运动变化过程中所固有的客观规律,理是不能够脱离气而独立存在的,它必须依赖于气才能获得存在依据。

第一部分　古代中国的哲学

## 道器观

王夫之认为"天下惟器""道在器中"。世界上只有客观事物是唯一的存在,即肯定宇宙自然、社会历史、生活世界的客观性、真实性,肯定具体的、历史的、特殊的存在,肯定个体性及其价值。

道、器是不相离的,并且器是道的赖以存在的根本,离开器,就无所谓道。这种统一是以气为核心的统一,我们所能够看到的都是器,因为有器,我们才能够进而感知到道。

王夫之实际上批判了以朱熹为代表的理学家认为"道在器先"的基本看法。同时,道也不是一成不变的,而是发展变化的,不同时代有不同的道。因此,他主张对社会之道要不断革新。

## 知行观

王夫之主张知、行应该分而后合,并且知、行有所侧重,是以行为重心的合一。

他的知行观的前提是知行相分,尽管知、行相互作用,但知、行并不是平列的。在认识的过程中,力行、实行是主导的方面,注重行。

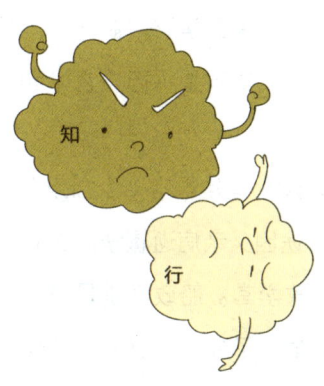

在王夫之看来,程朱所强调的知先行后,将知和行截然区分开来,导致的结果只能是使学者困于知见之中,而不能体认到圣人之道。而陆王所说的知行合一,实际上是混淆了知和行的概念,这也是心学的空虚之所在。

第一部分 古代中国的哲学

# 严复
## ——物竞天择，适者生存

到了近代，当清帝国还在做着"天朝上国"美梦的时候，西方国家已经开始在近代科技的带动下迅速发展资本主义经济。从1840年鸦片战争开始，西方国家用坚船利炮打开封闭自足的中国大门，中国迎来史无前例的变局。内忧外患的刺激下，一些文人学者忧患意识倍增，有些人在儒家传统中寻找解决方案，也有一些人把目光投向了西方。比如，1843年魏源参考《四洲志》编成《海国图志》一书，开始提倡"师夷长技以制夷"。冯桂芬在以其书斋命名的《校邠庐抗议》一书里，明确提出了"采西学""制洋器"的主张，最早表达了"中体西用"的思想。严复则是将西方哲学和社会学说系统地介绍到中国来的第一人。

严复（1854年~1921年），字又陵，福建侯官（今福州）人，出生于名医世家，6岁入私塾读书，中途因父亲病逝辍学。在13岁那年，严复以第一名的成绩考入福建船政学堂。船政学堂是洋务运动的产物，严复就读驾驶专业，系统地学习了外语、算术、几何、代数、物理学、化学等课程，五年后以优异成绩毕业，并在军舰上实习。他曾到过新加坡、槟榔屿、渤海湾、辽东湾等地。

1877年，严复被公派到英国留学，此后两年间先入普茨茅斯大学求学，后转到格林威治海军大学。其间，他除了学习有关海军方面的专业知识之外，还花了大量的时间和精力研读西方的经济、哲学、社会学等方面的著作，并深入英国社会，旁听法庭审理案件，观察英国社会政教风情，从中对比中西方差距。严复对英国的社会政治产生了浓厚兴趣，涉猎了大量资产阶级政治学术理论专著。

严复到英国时，达尔文的《物种起源》一书已经问世20多年，根据进化论所开展的人类起源和生物进化方面的研究已取得了重大的成就。这都给来自古老东方国度的严复带来了巨大的冲击。

学成归国后，严复先到福建船政学堂任教习。李鸿章见严复才华出众，外语水平高，把他调到天津，先后任北洋水师学堂洋文总教习（教务长）、会办（副校长）、总办（校长）。正是在这一时期，严复染上鸦片烟毒。李鸿章还规劝严复："汝如此人才，吃烟岂不可惜！此后当仰体吾意，想出法子革去。"但最终没有戒掉。

1895年甲午战争爆发以后，严复深受刺激，战争中阵亡的有他的同学，还有水师学堂的毕业生。血淋淋的现实促使严复开始思考当下这个社会。他认为人类社会跟达尔文所描述的自然世界有着惊人的相似之处，人与人争，群与群争，族与族争，国与国争，弱肉强食，优胜劣败，适者生存，因此萌发了将西方的进化论与进步学说介绍到中国的想法。

在后来的维新变法运动中，如果说康有为和梁启超等人是发动者和组织者，那么严复则是维新派的思想家。严复先后在天津《直报》上发表《论世变之亟》《原强》《辟韩》《救亡决论》等文章，首次比较系统地运用进化论来解析中国所面临的困境以及走出困境的对策。在这些文章中，严复所引述的达尔文、斯宾塞等人的学说，引起国人的极大关注。对于当时的中国社会来讲，严复所运用的理论不仅是全新的,而且也是富有战斗力的。

1898年4月,《天演论》出版,其中心思想就是"物竞天择,适者生存"。所谓物竞,就是生存竞争,"物争自存也";而所谓天择,就是自然淘汰与自然选择,"以一物以与物物争,或存或亡,而其效则归于天择"。

康有为从梁启超处看到《天演论》译稿后,认为严复所译的《天演论》"为中国西学第一者也"。自此之后,严复将主要精力放在翻译上,除了此前翻译了亚当·斯密的《原富》、斯宾塞的《群学肄言》,还有穆勒的《群己权界论》、甄克斯的《社会通诠》、孟德斯鸠的《法意》、穆勒的《穆勒名学》等。

1912年,严复被袁世凯政府任命为北京大学校长兼文科学长。在任期间,严复根据自己所学以及多年办学心得,为北大制定了"兼收并蓄、广纳众流"的办学方针。同年7月,教育部以经费困难要求停办北大,严复顶住压力保住了北大;11月辞任。严复担任北大校长仅八个月,但对北大具有深远的影响。

严复晚年哮喘病极为严重,时常反复发作。1921年,他在福州去世,享年67岁。临终前,他曾立下遗嘱:一、中国必不亡,旧法可损益,必不可叛;二、新知无尽,真理无穷,人生一世,宜励业益知;三、两害相权,己轻群重。

严复是中国近代杰出的资产阶级启蒙思想家与翻译家,他试图适应当时的需要,集中西学术之大成。正如哲学家冯友兰评价说,严复不仅从近代西方拿来了"金子",而且还拿来了那根"点石成金"的"神指"。从这种意义上说,严复此种"保持民族性、体现时代性"的努力,堪称中国思想文化发展史上的又一个里程碑。

 **精彩语录**

◇ 益生民之大要三,而强弱存亡莫不视此:一曰血气体力之强,二曰聪明智虑之强,三曰德行仁义之强。　　——《原强》

◇ 世道必进,后胜于今。　　——《天演论》

◇ 中学有中学之体用,西学有西学之体用,分之则并立,合之则两亡。　　——《与〈外交报〉主人论教育书》

◇ 如鱼之离水而处空,如蹩跛者之挟拐以行,如短于精神者之恃鸦片为发越,此谓之失其本性。　　——《译卫西琴中国教育议》

◇ 中国首重三纲而西人最明平等。　　——《论世变之亟》

◇ 公域讲权力,私域曰权利;公域讲民主,私域言自由——这就是"群己界线",或曰"群己权界"。　　——《群己权界论》

严复一生翻译的西方经典著作众多,还总结出"信、达、雅"的三大原则,借助翻译的形式传播西学理论。

## 哲学思想
### ——天演哲学

严复通过翻译赫胥黎的《天演论》阐发了进化论思想，形成了具有自己独特风格的天演哲学。

严复对进化论的阐释，实际上已经超越了达尔文的生物进化论，具有了哲学的意义。他不仅介绍了达尔文、赫胥黎、斯宾塞等人关于进化的学说，同时还与中国固有的哲学传统相结合。

进化是普遍的，生物由简单到复杂的进化过程，遵循着物竞天择的规律。人类也是从动物进化而来的，是生物进化过程中的一个阶段。严复联系中国实际，向人们提出不振作自强就会亡国灭种的警告。

严复论述的天演哲学是建立在对西方著作理解基础之上的，同时也添加自己的创新性思想。主要包括三方面：第一是从形而上的角度认识"物竞天择，适者生存"，谈论进取之道；第二是强调"以自由为体，以民主为用"的个体和群体之间关系的适用原则；第三是从认识论和方法论层面向国人传播科学理念、介绍西方科学的分类方法和研究方法。

## 实测内籀之学

严复大力提倡逻辑归纳法与演绎法。他说:"格物穷理之用,其涂不过二端,一是内籀,一曰外籀。"他通过翻译《穆勒名学》和《名学浅说》,把这种逻辑方法介绍到中国。

其中,对培根的经验归纳法尤为重视,称之为"实测内籀之学"。

所谓实测,即一切科学技术必须从观察事物的实际经验出发,"其为学术,一一皆本于即物实测"。也就是说,不是书本,而是实际经验,才是认识的出发点和检验的标准。

所谓内籀,即相对于"外籀"而形成的归纳,它是认识论具体采用的逻辑方法,从实际经验中归纳出规律性的东西来。

严复大力提倡逻辑归纳,是针对中国封建社会的"旧学"而发的,并借此批判陆王心学。

第一部分 古代中国的哲学

## 体、用不可分

自洋务运动以来,学习西方的科学技术是当时的一致意见,那除此之外是否需要学习西方的社会政治制度呢?当时一派认为,中国只是科学技术不如西方,其政治制度是非常优越的。另一派则认为要想使中国富强,就不仅要学习科学技术,同时也要学习制度。

严复认为"中体西用"完全是不可能做到的。"体"与"用"是统一的,就好像具备各种器官的生物,它的各个部分都是完整的统一体,"中体西用"在名义上就讲不通,更别说操作层面了。

严复基于他对西方资本主义社会的了解,认为自由才是"体",民主是"用"。西方的民主政治也是自由的产物。

# 第二部分

## 西方哲学的发展

# 早期西方哲学家
## ——世界的本原是什么

小传

西方哲学的源头是古希腊。古希腊地处爱琴海，有着海陆交错的自然环境，古希腊人热爱海洋，发达的海洋贸易形成了特有的开放性文化。这种自然条件和社会环境，有助于激发人们的智慧，锻炼意志，同时也有利于形成开阔的视野，使古希腊在哲学领域里突飞猛进。

古希腊早期具有代表性的自然哲学流派，当数爱奥尼亚地区的米利都学派，代表人物有公认的西方哲学之父泰勒斯（约公元前624年~约公元前547年）。泰勒斯是古希腊七贤之一，出身贵族，和著名的政治家梭伦是朋友。泰勒斯经常航海经商，对天文气象十分感兴趣。他曾经准确预言了公元前585年的日食，还测定了太阳从冬至到夏至的运行轨道，并且发现了小熊星座。

柏拉图在《泰阿泰德》中，记录了泰勒斯的一个小故事：有一天泰勒斯一边走一边抬头仰望星空，思考宇宙问题，却一不小心踩空了，掉进了一口井里。他的女仆就嘲笑他，只顾得天上的事，却忘了脚下的事。

有一年，泰勒斯运用自己掌握的知识通过观察天象，预测第二年橄榄会大丰收，便用自己的全部积蓄租下了全村的榨橄榄油机器。等到第二年，橄榄果然丰收，人们纷纷来向他租借榨油的机器，他因此大赚了一笔。

泰勒斯通过思考认为，世界诞生于水，并被水所环绕，水是世界的本源。这一观点很有可能来自早期希腊的宇宙生成论，并且在当时引领了一场思维变革，因为泰勒斯首次超越了神话形态去思考万物的起源和本质。这种观点虽然有些粗糙，但是对以后的哲学思想启发意义重大。

泰勒斯有一个学生叫阿那克西曼德（约公元前610年～约公元前546年），他也广泛地研究了自然科学。他没有像泰勒斯那样把水当作万物的本源，而用的是"无限"这个概念。"无限"摆脱了具体形态和性质的规定，更具抽象性。

阿那克西曼德的学生阿那克西美尼（公元前588年～约公元前524年）又提出万物的本源是气。他认为气既包含了泰勒斯所说的水的特性，又包含了阿那克西曼德的无限的流动性。

毕达哥拉斯（公元前580年至570年之间～约公元前500年），是绝大多数人都很熟悉的人物。他生于爱琴海东部的萨摩斯岛，是古希腊著名的哲学家和数学家，据说他曾经向泰勒斯学习过，是毕达哥拉斯学派的创始人。他提出并证明了毕达哥拉斯定理，探讨了无理数。

当然，毕达哥拉斯首先是一位哲学家，他认为数学规定了万物的秩序，并且提出了一整套关于灵魂死而复生的复杂观点。他的毕达哥拉斯学派不仅传授数学、音乐等方面的知识，并且还有着种种奇怪的规定，比如禁食豆子，东西落下了不要捡，不要去碰白公鸡，不要掰开面包，不要迈过门闩，不要用铁拨火，不要吃整个的面包，不要在光亮的旁边照镜子等。毕达哥拉斯学派是西方美学史上最早探讨美的本质的学派。他们认为，对几何形式和数字关系的沉思能达到精神上的解脱，而音乐就是净化灵魂从而达到解脱的手段。

毕达哥拉斯十分注意观察日常生活，他不仅在音乐、天文学、形而上学、自然哲学、政治学和神学方面做出了重要贡献，而且还提出了转世、天堂和地狱的概念。他认为数才是万物的本源。因为有了数，几何学才有了点，有了点才有线、面和立体，有了立体才有了火、气、水、土这四种元素，从而构成万物，所以数在物之先。自然界的一切现象和规律都是由数决定的，都必须服从"数的和谐"，即服从数的关系。

赫拉克利特（约公元前540年~公元前480年至470年之间），是爱非斯学派的著名代表，他出生于爱奥尼亚地区爱非斯（今土耳其伊兹密尔附近）城邦的王族，后来将王位让给了他的兄弟，成为一名隐居者。他还曾拒绝波斯国王大流士的邀请，保持自己的谦卑。他的哲学观点较为难懂，晚年的赫拉克利特孤独穷困，靠吃草根树皮为生，最后得了水肿病而死。赫拉克利特的学说偏重神秘主义，他认为世界是一团永恒的活火，火是万物的本源，世界万物是由火产生的，消亡时又都要复归于火。另外他还提出了著名的"逻各斯"。

巴门尼德（约公元前515年~约公元前445年），是前苏格拉底哲学家中最有代表性的人物之一，生在埃利亚（今意大利那波利附近）一个富裕家族，他开创的哲学派别也称为埃利亚学派。柏拉图的记载中说，苏格拉底年轻的时候曾经拜访过巴门尼德。巴门尼德认为存在是世界的本源，存在是一个永恒的、不可分割的、不动的球体。与他的前辈和同辈相比，巴门尼德讨论问题的方式更加抽象和晦涩。

恩培多克勒（约公元前495年～约公元前435年），是西西里岛阿克拉加斯（今意大利阿格里根斯）人。他知识渊博，在众多方面都颇有见识，并且精通医学，担任过执政官，晚年由于政敌陷害而被迫流亡。他在哲学上提出著名的四根说，将世界的本源理解为四种元素——水、火、土、气。万物因四根的组合而生成，因四根的分离而消失。四根可合可分，但四根在运动中是不生不灭的。

德谟克里特（约公元前460年～约公元前370年），是原子论学派的主要代表人物，他也被认为是第一个唯物主义的学者。据说，他会到荒凉的地方去，或者一个人待在墓地里，来激发自己的想象。他的父亲非常富有，德谟克里特继承遗产后，去过埃及、巴比伦、印度等地游历，前后长达十几年，增长了见识。回到希腊后，他担任了执政官，并且投身于自然哲学。他的贡献很难和他的导师留基伯分开，在文献中二人通常被一起提及。据说他晚年为了摆脱感性的困扰，弄瞎了自己的双眼。

德谟克里特对世界的去生命化是非常彻底的，他认为一切事物的本源都是原子和虚空。原子是存在，虚空是非存在。人们感觉所感知的各种事物的颜色、味道都是习惯，是人们主观的想法。甚至灵魂，这个绝大多数前苏格拉底哲学家都认为非常神秘的问题，在德谟克里特看来也只是物质性的。此外，他还特别强调教育的重要性，提倡鼓励和说服，从而形成人的第二本性。

### 精彩语录

◇ 大地浮在水上。　　　　　　　　　　　　——泰勒斯

◇ 过分的执着会带来毁灭。　　　　　　　　——泰勒斯

◇ 友谊是一种和谐的平等。　　　　　　　——毕达哥拉斯

◇ 不能制约自己的人，不能称之为自由的人。——毕达哥拉斯

◇ 数支配着宇宙。　　　　　　　　　　　——毕达哥拉斯

◇ 人不能两次踏进同一条河流。　　　　　——赫拉克里特

◇ 太阳每天都是新的。　　　　　　　　　——赫拉克里特

◇ 上升的路和下降的路是同一条路。　　　——赫拉克里特

◇ 最美丽的猴子与人类比起来也是丑陋的。——赫拉克里特

◇ 看不见的和谐比看得见的和谐更好。　　——赫拉克利特

◇ 世界是包括一切的整体，它不是由任何神或任何人所创造的，它过去，现在和将来都是按规律燃烧着，按规律熄灭着的永恒的活火。　　　　　　　　　　　　　　　　——赫拉克利特

◇ 知识必须有一个对象，而对象必须是某种存在的事物，否则就不会有知识。　　　　　　　　　　　　　　——巴门尼德

◇ 存在存在，非存在并不存在。　　　　　　——巴门尼德

◇ 即使这件事物是过去的，我们现在提起它的时候，它在某种意义上讲也是存在于现在的。　　　　　　　　——巴门尼德

早期古希腊哲学家大多没有留下著作，我们都是通过后世哲学家的转述，才知道他们的哲学观点。

## 哲学思想

### 水是万物的本源

泰勒斯认为万物的本源是水,但没有确切地说万物是由水构成的。在哲学上,泰勒斯第一个把世界本原问题从神话和宗教中分离出来,标志着人类认识的飞跃。

泰勒斯所说的"水"不是一般意义上的水,而是思辨的、理性的"水",是泰勒斯从多种多样的事物中提取的本源性的东西。

为什么会选择水?我们可以从古希腊人的生活背景和水本身的特性两方面来理解:

第一,古希腊人生活在海岸线曲折的半岛上,对海上贸易十分依赖,对海洋非常崇拜与敬仰。只有以大海为家园的民族才会如此重视水,乃至将其视作世界的本源。

第二,水是万物生存的必需要素,是生命存在的源泉,在生命演化中也起到重要的作用。并且水是流动的、无定型的、易变的,这些都符合作为本源的特征。

泰勒斯基于日常生活生存需要,提炼出这一命题,虽然粗糙但依旧闪烁着智慧之光,并且激励着他之后的哲学家进行更深层次的思考。

第二部分　西方哲学的发展

## 数是万物的本源

真正的知识必须是与永恒不变的事物相关。纯粹、固定和永恒的东西只有在抽象的数字世界中才能找到。

所以数是万物的本源,这是毕达哥拉斯哲学的基础。

数是构成一切事物中最基本的元素,数是众多的,又是不变的。

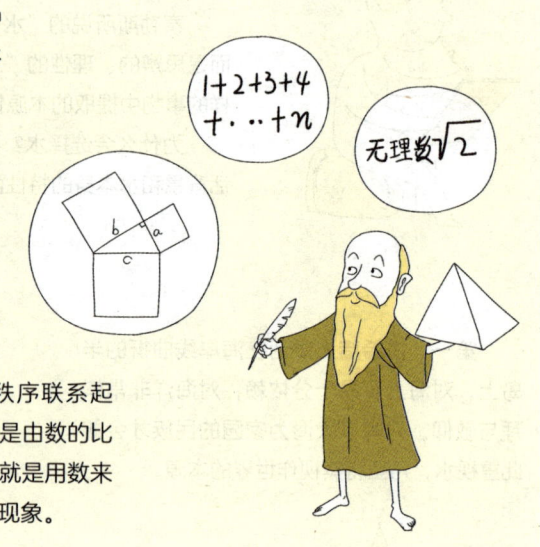

毕达哥拉斯把数和秩序联系起来,认为整个宇宙的和谐是由数的比例关系来决定的。实际上就是用数来解释各种自然现象和社会现象。

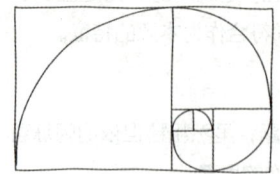

毕达格拉斯的贡献就是开辟了哲学向抽象化发展的方向。在他之后,哲学已经不再强调具体的质,而是注重事物背后抽象的形式和关系。

## 逻各斯

赫拉克利特认为世界的本源是火。

火是变化无常的，始终处于一个不断转化的过程中，但又遵循一定的规则，这个规则就是逻各斯。逻各斯就是现象背后的本质规定。

在这个意义上，逻各斯是西方哲学史上最早提出的关于规律性的哲学范畴。

## 万物皆变

人不能两次踏进同一条河流,河里的水是不断流动的,这次踏进河里,水流走了,下次踏进河里时,又流来新的水。

这是赫拉克利特对事物永恒变化的一种形象描述,所以人们也称赫拉克利特的哲学为"流动的哲学"。

在这一命题中,赫拉克利特表达了对于永恒运动和相对静止的形象比喻。世间万物,生生不已,运动不止,但都在遵循着一种不变的永恒的规律。即万物皆变,但万物遵循的逻各斯并没有变。

## 存在

"存在"是巴门尼德提出的最重要的概念,影响深远。

它包含三层含义:

第一,存在既不产生也不消灭,它是一个完整统一的东西,不可分割。

第二,能够被说和被想的一定是存在的。思想和言说的对象就是存在,没有一种纯思想、空洞的思想。不存在是不能思想和表达的,因此思想和存在是同一的。

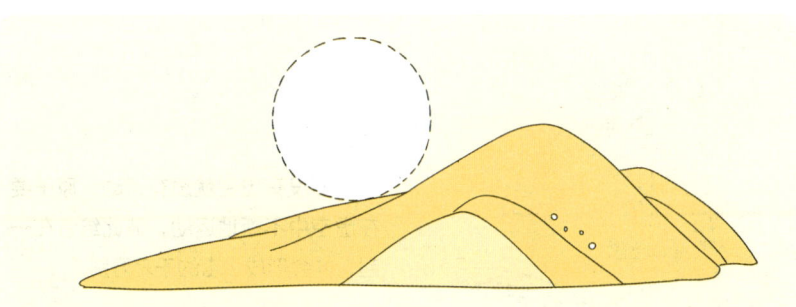

第三,存在是无始无终、无边无际的,但是它不是无定型的,像一个滚圆的球体。

## 原子论

德谟克里特的原子论，其中心意思就是原子和虚空是构成世界的两大基本要素。

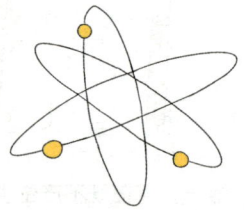

原子就是一种不可分的最终的物质微粒，是没有空隙的，它的根本属性是一种绝对的充实。

而虚空是空洞的空间，代表的是非存在，它是原子运动的场所。

我们的宇宙就是由无数的原子构成的。这些原子性质相同，相互独立，它们之间只有形状大小、排列顺序的不同。

而没有虚空就没有运动，原子要在虚空中不断地运动，彼此结合在一起，才会形成宇宙的千差万别。

# 智者学派
## ——人是万物的尺度

 小传

智者学派也被称为诡辩学派。

在希波战争之后,雅典成为古希腊文明的中心,其所实行的民主制度也成为各城邦纷纷效法的楷模。在雅典民主制下,盛行辩论和演讲。在这种政治生活背景中,唇枪舌剑成为社会上一件非常时髦的事情。于是出现了一批靠专门讲授辩论技巧为生的人,他们有着鲜明的功利性,被称为智者。可以这样说,在智者学派那里,哲学是可以拿来"卖"的。智者并不是为智慧而教授智慧的思辨家,还是总归要生活。

虽然称之为智者学派,但他们都是各自独立地演讲和授课,彼此之间没有太大的关系。

普罗塔哥拉(公元前481年~约公元前411年),是智者学派最著名的代表人物,在伯里克利时期担任过政府的要员。据说他是古希腊第一个收费教人辩论的老师,也曾经与年轻的苏格拉底有过交流。据柏拉图说,普罗塔哥拉的学生都来自名门望族,他们的目的或是成为政治家或是智者。

普罗塔哥拉不再聚焦于世界本原这样的命题,而是转向了城邦政治和人的现实生活,提出"人是万物的尺度"这一著名观点。他认为,所谓尺度、逻各斯只是个人内心的一种标准,比如说刮来一阵风,有的人感觉到冷,有的人没有这种感觉,这并不能证明风本身是冷的或是暖的。所以事物的性质没有一种客观规定性,每一个人有不同的立场。

同时普罗塔哥拉也对神的存在提出疑问。根据人是万物的尺度这个命题,人寿短促,既不能说神存在,也不能说神不存在。据说就是因为怀疑和否定神的存在,普罗塔哥拉遭受种种迫害。当然他并没有否认神的存在,但依旧对社会造成了冲击。雅典当局据此把他驱逐出境,他的著作也遭到了焚毁。

智者学派另一位代表人物是高尔吉亚(约公元前483年～约公元前375年),出生于西西里岛,早年随恩培多克勒学习修辞、论辩、自然哲学和医学,他以新颖的演说风格在雅典享有盛名。

高尔吉亚采取的论辩方式是怀疑法。他认为:第一,无物存在。如果有物存在,则它或是永恒的,或是产生出来的。但它不可能是产生出来的,因为没有东西能从"存在"中产生,也没有任何东西能从"非存在"中产生。它也不可能是永恒的,因为如果是永恒的,那就等于说是无限的东西,它就不在任何与它自身不同的地方,它也不可能存在于自身之中,因为它不可能为自身所包容。所以,无限的东西不存在于任何地方,而不存在于任何地方的东西,也就是不存在的东西。

第二,即使有物存在,也不可知。如果有存在,我们也无法认识。如果我们所思想的东西真实存在,那么凡是我们思想到的都是真实存在的。但实际上我们却可以思想到并不存在的东西,比如女妖、怪兽等,这说明我们的思想是不可靠的,存在是认识不到的。

第三,即使我们可以认识某物,也无法把它告诉给别人。因为我们告诉别人时使用的信号是语言，而语言同存在物并不是一个东西，我们告诉别人的就只能是语言而不是存在物。高尔吉亚的怀疑主义只限于形式上，但不关注内容，坚持理性的逻辑比经验更可靠。

在西方哲学史上，由于柏拉图和亚里士多德的批判，智者运动的重要性长时间被错误评价，因为他们否认确定的或唯一的真理标准，片面夸大感觉的相对性和主观性，把知识归结为因人而异的感觉。但智者学派的价值并不在于他们留下的关于诡辩的思想和技巧，而在于将以往西方哲学对自然的关注转移到人身上，转移到现实生活中来。黑格尔首先纠正了传统的偏见，充分肯定了智者学派的积极贡献。

智者运动唤醒了以往沉睡的思想，向哲学、宗教、习俗、道德和以其为基础的制度提出了挑战，要求用理性来为它们提供辩护。他们否定了知识的可能性，这使得知识有必要进行自我辩护。作为一个过渡阶段，为后继者们奠定了基础。

**精彩语录**

◇ 人是万物的尺度,是存在者存在的尺度,也是不存在者不存在的尺度。
——普罗塔哥拉

◇ 至于神,我既不能说他们存在,也不能说他们不存在,因为阻碍我认识这一点的事情很多,例如问题晦涩,人寿短促。
——普罗塔哥拉

## 哲学思想

### 人是万物的尺度

在这一个命题当中,人不是作为"类"的人,而是作为个人。

标准实际上都是相对的、变化的,每个人都有判断事物性质的标准。

每个人都有自己的尺度和标准,没有一个共同的标准衡量这些不同认识的优劣是非,万事万物都是相对的。

这个命题冲击了之前万物由神灵来做决定的观点,体现了一种人本主义的倾向,所以是具有积极意义的。也被后来一些人用来表达人类中心主义、唯我主义等。

# 苏格拉底
## ——要过一种反思的生活

 小传

苏格拉底（公元前469年～公元前399年），出生于雅典的一个平民家庭，相传他的父亲是雕刻匠，母亲是助产妇，他本身和下层社会关系比较密切。苏格拉底相貌平平，身材矮小，性格怪异，还不修边幅，无论寒冬酷暑，都只穿着一件单衣，他不在乎别人怎么看他；平时很少喝酒，但是酒量奇大，而且从来没有喝醉过。他后来和赞西佩结婚，并有了三个孩子，他的妻子颇有悍名。

苏格拉底从父亲那里继承了雕刻匠的职业，雅典城中还有他的作品。但不知道苏格拉底是否依靠这项手艺来维持生计，也没有关于他外出工作的记录。他自称服过役，经历了三次战争和雅典城邦内部的权力争斗。在当时，因为连年的战争社会上笼罩着一种悲观情绪，有不少人沉浸在享乐之中，借此逃避乱世。所以苏格拉底创造性地提出了"认识你自己"这个哲学命题。

这个命题与智者学派的"人是万物的尺度"有着相同的意义，都关注人的现实生活。但不同于智者学派，苏格拉底没有走向相对主义，而是把人看成思维的主体，引导人发现作为普遍性的本质。

苏格拉底一生都在致力于思考，但他对当时所流行的关于世界本原的本体论思考没有太大的兴趣。他经常在雅典大街上向人们提问。例如，什么是人？什么是思想？什么是美德？什么是真理？通过不断提问与解答，寻找导致身边现象被忽视的原因。

苏格拉底是一位自学成才的哲学家，当时的特尔斐神庙曾有预言，说苏格拉底是人世间最聪明的人。但苏格拉底认为自己并不是最聪明的人，所以他每天与人交谈，在他周围形成了一个以贵族子弟为主的学术团体。他发现谁都比自己聪明，但又都自己觉得既不聪明也没有知识。所以说，真正聪明的人就是要有自知之明，知道自己的无知，这个前提就是认识你自己。

公元前406年，苏格拉底成为众议院"五百人会议"的一员。他为人严谨，处事公平，多次拒绝了来自贵族上层的非正义性命令。

公元前399年，他被雅典政府判处死刑，陪审团的成员是那些曾经遭到苏格拉底诘问的公民。苏格拉底的罪状有两条：第一条是败坏青年，煽动他们反对父母；第二条是不尊敬国家所敬奉的神灵。苏格拉底的弟子和朋友要去狱中救他，帮助他逃跑，但苏格拉底没有同意。他自己遵守法律，并认为其他人也应当遵守，这表明了他对权威的尊重和对国家的忠诚。

苏格拉底因为自己的教学活动和政治立场而遭到处死。在某种意义上，苏格拉底的死是对哲学信念最为生动的展示。苏格拉底在死之前依旧保持着对哲学的热爱，并展现出对死亡的超然态度。最终他饮毒芹酒死于狱中，用这种自我牺牲的方式向人们表达自己的清白，终年70岁。他最后说的一句话是："我们还欠阿斯克雷皮阿斯一只公鸡，还了这个愿，别忘记了。"

在西方历史上，苏格拉底一直被看作为追求真理而死的圣人、一位最有智慧的英雄。他与耶稣、孔子和释迦牟尼一同被尊为人类的导师。在他死后，他的弟子和朋友们仍在传播他的哲学思想，形成了苏格拉底学派。

**精彩语录**

◇公民们,我尊敬你们,我爱你们,但我宁愿听从神,而不听从你们;只要一息尚存,我就永不停止哲学的实践,要继续教导、劝勉我所遇到的每一个人。

◇真正高明的人,就是能够借助别人的智慧,来使自己不受蒙蔽的人。

◇神灵为自己保留了那对于最为重要的东西的认识。

◇告诉我你的朋友,我就知道你是什么样的人。

◇我非常清楚地知道,我并没有智慧,不论大的还是小的都没有。

苏格拉底本人没有留下任何著作,他的行为和学说主要是通过他的学生柏拉图和色诺芬的记载流传下来。在柏拉图30多篇对话体作品当中,大多数的主角都是苏格拉底。

## 哲学思想

### 认识你自己

特尔斐神庙上有三句箴言：第一句是认识你自己，第二句是凡事勿过度，第三句是生存与毁灭就在一瞬间。

苏格拉底把"认识你自己"作为自己的哲学宣言。

这一命题反映了古希腊哲学研究的转向。

在苏格拉底之前，哲学的研究对象主要是自然，苏格拉底认为更应该关注人类本身，于是开始探讨人的问题。

所以说，苏格拉底把哲学从自然带到人间，带到了人们的日常生活。从苏格拉底开始，所有的哲学家都开始用一种新的眼光来看待这个世界。

认识自己就是要把自我作为一个对象来进行探讨，去认识人本身所具有的理性、心理、知识，从区分好坏、善恶这些理念入手，这样才会成为一个有道德的人。

## 美德即知识

苏格拉底强调美德是心灵的内在本质。

他认为人的德行是通过做好事来达到完善的一种艺术,是一切技艺中最为高尚的一种,而这种艺术是通过学习来掌握的,所以说美德是知识。

如果一个人自称知道一件事是善,但又不去实现这件事,这刚好说明他实际上并未知道这件事的善,并没有关于这件事的知识。

一切恶性都是因为无知,因为不知道善而做出的,无人有意作恶。

## 精神助产术

精神助产术是苏格拉底方法的比喻。苏格拉底的母亲是一位助产妇，也就是帮助产妇进行生育的人，但是助产妇本身并不进行生育。

同理，与智者学派不同，苏格拉底不传授知识，只是与人对话，因为他承认自己一无所知。

苏格拉底向他的学生提问题，向政治家、诗人和工匠提问题，他还喜欢随意与过路的社会各阶层的人攀谈。

他常常以善意的问题开场，然后就不停地追问下去，一点也不让步，并逐渐把谈话转移到一般的哲学问题上去。

苏格拉底通过对话的方式让对话者发现真理，接近真理，就如同新生命从产妇的身体中诞生一样。

# 柏拉图
## ——思想世界的王者

柏拉图（公元前427年~公元前347年），出生于雅典的一个贵族家庭，他母亲的家族可以追溯到梭伦兄弟，父亲这一族则可以追溯到雅典的一位国王。但他的父亲在他还是孩童时就已经过世了。后来母亲改嫁，继父也是一位贵族，还是著名的雅典统治者伯利克里执政集团的一分子。青少年时期柏拉图受过很好的教育，尤其是在文学和数学方面，是一个有着光明的前途和未来的贵族公子。

柏拉图不仅出身好，还长得好看。"柏拉图"在古希腊语里是"宽大的肩膀"的意思，他的原名是"阿里斯托克勒"。据说，柏拉图有着强健的体魄，他十分喜爱各种体育运动，曾经在奥林匹克运动会上获得过优异的成绩，还参加过伯罗奔尼撒战争，如果没有遇到苏格拉底的话，他可能会成为一位非常有名的将军。

因缘际会，柏拉图在20岁的时候认识了苏格拉底。当时苏格拉底不过是个普通市民，热衷于在闹市与人进行辩论。柏拉图认为爱智慧是人最重要也是最高尚的需求，他深深被苏格拉底深刻的思想所折服，跟随苏格拉底达8年之久。

但就在柏拉图28岁的时候，苏格拉底被处死。苏格拉底的死是雅典所谓民主制的决定，所以柏拉图十分厌恶雅典当时的政治现状,这也使得他后来把关注点较多地放在政治哲学上,并为之设计了一种自认为最好的政治制度——理想国。

苏格拉底死后,柏拉图出走雅典,在地中海地区开始了自己的游历。他曾经准备在西西里岛的叙拉古施展自己的政治抱负,但无功而返。公元前387年,他回到雅典,在阿卡德米圣殿附近建立了一个学院(Academy),我们习惯称它为"柏拉图学院",这可以说是欧洲历史上第一所固定的学校。

柏拉图在这里讲授各类知识,包括哲学、几何、天文、算术、动植物学等,并且经常开展体育活动。在这所学院门口写着这样一句话:"不懂几何的人,不得入内。"足见柏拉图对数学的重视。

柏拉图学院里聚集了来自各国的社会精英,他们在此学习、讨论,形成了一个学术自由的传统。柏拉图鼓励他的学生积极参与城邦的管理,除此之外,他本人也没有放弃他的政治理想,又前后两次到叙拉古传授他的治国理念。但叙拉古的国王没有认同和采纳柏拉图的政治建议,柏拉图未能如愿,自己理想国哲学王的想象成了一个幻影。自此之后,柏拉图再也没有涉足实际的政治活动,而是专心于学院的工作。

公元前368年,当时只有20岁的马其顿小伙子亚里士多德来到了柏拉图的身边,这又掀开了哲学史上另一个新篇章。

公元前347年,柏拉图在他讲学40多年的学院逝世,终年81岁。他终身未婚,但柏拉图学院却代代相传,由他的后学继承主持,历时900多年,一直延续到公元529年被查士丁尼大帝封闭为止。

柏拉图的学说,从思想渊源上说,除了他的老师苏格拉底之外,还有毕达哥拉斯和埃利亚学派的影响。哲学家怀特海曾说:"西方两千年的哲学史,不过是柏拉图的注脚而已。"

 **精彩语录**

◇ 我们一直寻找的，却是自己原本早已拥有的；我们总是东张西望，唯独漏了自己想要的，这就是我们至今难以如愿以偿的原因。
——《理想国》

◇ 智者说话，是因为他们有话要说；愚者说话，则是因为他们想说。——《柏拉图对话录》

◇ 孩子害怕黑暗，情有可原；人生真正的悲剧，是成人害怕光明。
——《理想国》

◇ 一个人若是不知真理，只在人们的意见上捕风捉影，他所做出来的文章就显得可笑，而且不成艺术了。 ——《文艺对话集》

柏拉图在柏拉图学院的很多对话都保存了下来，他的作品继承了苏格拉底的问答法，在相互讨论的过程中引出想要表达的问题。以柏拉图的名义流传下来的著作有40多篇，另有13封书信。

## 哲学思想

## 理想国——乌托邦式的政治王国

柏拉图通过《理想国》探讨了国家和社会的起源、职能和政治制度问题，提出了一幅由"哲学王"统治的、实行共产主义、人与人之间没有贫富之分的理想国家的蓝图。

理想国中有三种人，一种是普通人，一种是士兵，一种是哲学王。

普通人就是一般的农民、手工业从业者。这些人要在适当的年龄结婚，结婚双方采取抽签的方式，他们生下的孩子必须由国家统一抚养长大，接受体育、音乐、哲学等各种教育。

普通人在超过年龄限制之后，就不会被限制情感生活了，可以自由地享受生活，但不允许生育孩子，生下来也要处死。

国家养育的孩子历经各种教育和磨砺，在层层选拔后，就可以成为新一代的哲学王。

士兵是国家的管理者，负责养育孩子和保卫国家，拥有勇敢的美德；人数比普通人少，但比哲学王多。

哲学王并不是现在意义上的"国王"。哲学王可以是男的，也可以是女的，生活简单，包括妻子和丈夫都是共享。他们的主要职责是追求智慧，制定政策，选取接班人，促进社会进步。

## 理念说

柏拉图的理念说是其思想的核心，也是影响后世形而上学的依据。

什么是理念呢？我们看到一个苹果、一个橘子，又看到一个梨，这三者并不是相同的，但共有一个"水果"的概念。这个"水果"不是我们看到的，也不是我们吃的，是我们通过理性思维推演的。

所以，理念就是追寻我们现实生活每一类事物的本性，是一种共相或形式。

柏拉图认为，我们日常的变化世界是一个生成的世界，如赫拉克利特所说是不断流变的，在现实世界的背后有一个永恒不动、真实的理念世界，如巴门尼德所说，是永恒的"存在"。

在这个理念世界中，各种各样的概念按照一定的等级排列，最低级的是石头这样的自然物，最高级的是善。

柏拉图的有趣之处在于将这两个世界相互关联，而并不是彼此孤立。日常世界之后有不变的理念。我们可以通过理性来看到这个理念的世界。

## 灵魂回忆说

柏拉图发展了苏格拉底"认识你自己"的原则,并且将灵魂转世说引入了讨论。

他认为,人的灵魂都来自理念世界,我们学到的知识都是在不断地回忆理念世界。

当灵魂进入我们每个人的肉体,我们的知识就会受到肉体的遮蔽,所以需要不断学习,这种学习就是柏拉图所说的"回忆"。

## 洞穴隐喻

柏拉图在《国家篇》讨论了这样一个故事：

有一群囚犯在一个洞穴中，他们手脚都被捆绑，也无法转身，只能背对着洞口。他们面前有一堵白墙，身后燃烧着一堆火。

在那面白墙上，他们看到了自己以及身后到火堆之间事物的影子，由于他们看不到任何其他东西，这群囚犯会以为影子就是真实的东西。

有一天，一个人挣脱了绳索跑出洞。他第一次看到了真实的事物。

他返回洞穴并试图向其他人解释，那些影子其实只是虚幻的，反而受到洞穴里囚徒的耻笑。

我们每一个人都是洞穴中的囚徒，不懂哲学的人看到的只是那些影子，而哲学家则在真理的阳光下看到外部事物。自然比起鲜明的理性世界来说，是黑暗而单调的。

# 亚里士多德
## ——我爱我师，我更爱真理

亚里士多德（公元前384年～公元前322年），生于古希腊北部色雷斯地区的斯塔吉拉。他的父亲尼各马可曾经是马其顿大帝的私人医师，母亲家境十分富裕。但亚里士多德从小就失去了父母，是他的姐夫将他抚育成人。亚里士多德17岁的时候，姐夫送他到雅典的柏拉图学院学习，在那里待了将近20年，一直到柏拉图逝世。作为柏拉图的学生和助手，亚里士多德被柏拉图称为"学院之魂"。

亚里士多德非常尊敬和崇拜柏拉图。与柏拉图相比，亚里士多德并不钟情于数学，而是喜爱生物学和逻辑学。就像天才与天才之间总会发生的故事那样，他们也会出现思想的冲突。当亚里士多德发现老师的一些思想和理论有缺陷的时候，他会毫不犹豫地指出。有的同学认为这种行为是对老师思想的背叛，亚里士多德义正词严地说："我爱我师，但我更爱真理。"

柏拉图去世后，因为雅典十分歧视外邦人，所以亚里士多德不得不离开柏拉图学院开始游历，后被马其顿国王召回故乡。在马其顿，亚里士多德接触了物理学、天文学、生物学、医学等方面的知识，他的哲学思想发生了很大的变化。

公元前343年，马其顿国王菲利普二世邀请亚里士多德给他年仅

13岁的儿子,也就是后来著名的亚历山大大帝,做私人教师,之后亚里士多德还被聘为马其顿皇家学院的校长。

公元前335年,在马其顿征服古希腊之后,亚里士多德重返雅典,建立了吕克昂学园。在这里,亚里士多德广泛开展研究和教学活动,写出了很多著作,创立了亚里士多德学派。因为亚里士多德喜欢与他的弟子们一边散步,一边讨论哲学问题,所以亚里士多德学派又被称为逍遥学派、散步学派。

亚历山大大帝非常敬重他这位老师,在繁忙的东征之中,还不忘为亚里士多德搜集植物标本。但当亚历山大去世之后,雅典又翻了脸,开始驱逐马其顿人,和苏格拉底一样,亚里士多德也被控以不敬神明之罪,但是他及时逃离了雅典。如他自己所言,不能再让雅典人像处死苏格拉底那样第二次亵渎哲学。

公元前322年,亚里士多德在逃亡中来到爱琴海一个岛屿,并最终在那里死去,终年62岁。

亚里士多德被视为古希腊哲学的集大成者。他将哲学称为第一哲学,因为他说其他的科学虽然比哲学更必需,但是没有一门比哲学更优越,这对哲学的独立发展做出了贡献。亚里士多德是古希腊哲学史上的一个转折点,在他之前的许多哲学家都力求提出一个完整的世界体系,来解释自然现象,而他是最后一个提出完整世界体系的人;在他之后,哲学家们都放弃了提出完整体系的意图,从而转入研究具体问题。

**精彩语录**

◇ 幸福就是至善。

◇ 人生最终的价值在于觉醒和思考的能力,而不只在于生存。

◇ 人类是天生的社会性动物,没有人会愿意孤立地活在这个世界,他的本性要求他,必须要与他人一起生活。

◇ 习惯实际上已成为天性的一部分。

◇ 人以为我最聪明,但是我自己知道我是什么都不知。

◇ 真正的美德不可没有实用的智慧,而实用的智慧也不可没有美德。

◇ 德可以分为两种:一种是智慧的德,另一种是行为的德。前者是从学习中得来的,后者是从实践中得来的。

◇ 没有一个人能全面把握真理。

◇ 教育并不能改变人性,只能改良人性。

◇ 对于美德,我们仅止于认识是不够的,我们还必须努力培养它,运用它,或是采取种种方法,以使我们成为良善之人。

◇ 长期的无所事事最能使人衰竭和毁灭。

◇ 羽毛相同的鸟,自会聚在一起。

——以上皆出自《亚里士多德全集》

亚里士多德被称为古希腊最为博学的人,他几乎是各类学科的开山鼻祖,为后世留下了上百部著作。他根据研究对象的不同将各门科学分为四大类,第一是关于求知工具的分析科学,比如说逻辑学、范畴论;第二是追求知识的理论学科,比如数学、物理学、哲学;第三是确定人行为规范的学问,如政治学、伦理学;第四是各种手工制作技艺的生产的学问,如诗学、医疗学等。《亚里士多德全集》是古希腊哲学王冠上的明珠。

## 哲学思想

### 实体论

柏拉图以理念为实体,这在亚里士多德看来是错误的,因为实体是不依赖于其他事物而独立存在的一种具体的事物,它有形状、大小、重量和体积。

亚里士多德将这种具体的事物称为"第一性实体"。

而将对这些实体的感觉和认识称为"第二性实体"。他认为第二性实体是依存于第一性实体的。

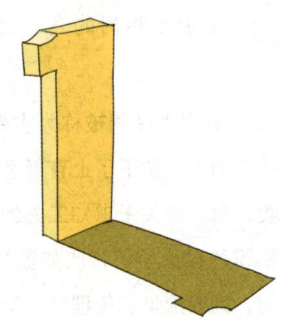

## 四因说

关于实体存在的原因,亚里士多德提出了四因说。与之相对应的是四个问题:

事物为什么在运动中存在?事物为什么会以某种特定的方式运动?事物为什么开始或停止运动?事物为什么要运动?这四种原因分别就是质料因、形式因、动力因和目的因。

质料是组成事物的材料,形式则是每一件事物的个别特征。

这就好比一只鸡,会叫、会飞、会下蛋,这都是它的"形式"。当这只鸡死时,形式也就不再存在了,唯一剩下的只有鸡这一物质。

按亚里士多德的理论,形式比物质更重要,因为形式是可以创造的,物质仅仅是被当作原材料而已。他还认为,在我们的世界中存在着一个没有任何质料的形式,它以世间万物为质料,同时又是世间万物的目的,也就是一切形式的形式,是纯形式。

## 三段论

亚里士多德被誉为逻辑学真正的创始人。他以一种科学的态度进行理性推演,影响了人类思考达2000年之久。

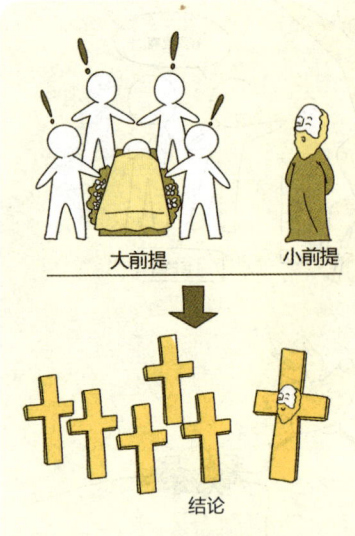

亚里士多德的推演形式采取的是一种三段论的方式,包括两个前提(大前提和小前提)和一个结论。

比如,所有人都会死(大前提),苏格拉底是人(小前提),所以苏格拉底会死(结论)。

在这个三段论推理中,大前提和小前提都是已知的判断,结论则是一个新的判断。

为了从已知判断推出新的判断,有两个基本条件必须遵守:一是大前提和小前提的判断必须是真实的,二是推理过程必须符合正确的逻辑形式和规则。

前提如果不真实,就得不出正确的结论。

## 蜡块说

亚里士多德认为人的心灵就像一个蜡块,事物就像一枚戒指,戒指印在蜡块上就会产生痕迹,这个痕迹就是感觉。

蜡块说的哲学意义在于,它肯定人类的知识起源于外部世界,否定了柏拉图的回忆说。

## 人是政治的动物

在亚里士多德看来,人是政治的动物。

因为人总是处于一定的家庭关系和社会关系当中,从时间上讲,国家就起源于家庭:家庭结成村社,村社结成部落,部落再组合成国家。

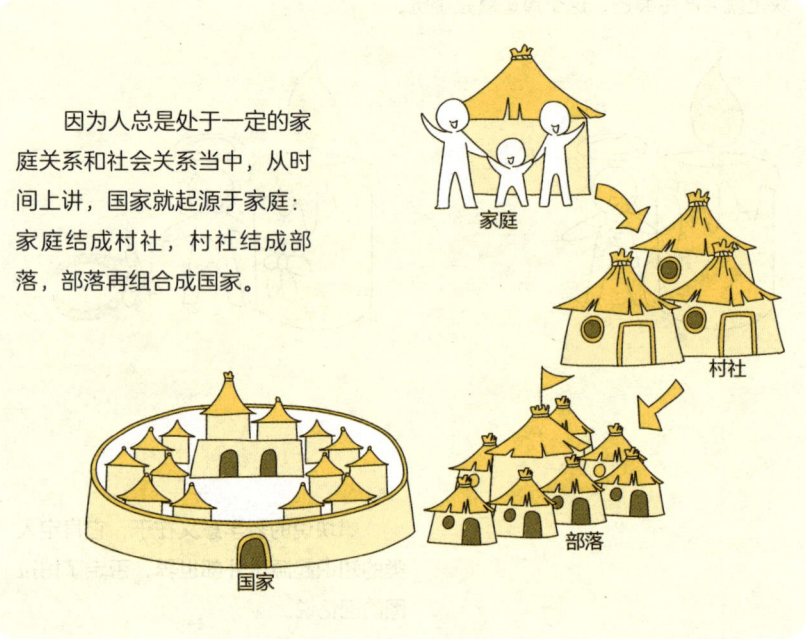

国家的地位要高于个人,个人和国家就像整体与部分一样有机地结合在一起。人只有作为国家的一部分,才能实现他自己。

因此,亚里士多德认为,国家是本质和根本,一个人如果脱离社会与国家,那他就不成其为人,或者是野兽,或者是神。

# 伊壁鸠鲁
## ——快乐是最高的善

亚历山大大帝死后,他的帝国分成了三部分,分别是托勒密王国、塞琉古王国和马其顿王国,其中托勒密王国是前帝国埃及总督托勒密一世建立的。帝国分裂后希腊本土已经衰落,其文化反而转移到了埃及,这个时代就叫作希腊化时代。

希腊化时代是一个纷争的年代,人们逐渐将思考的关注点转移到幸福生活上来。其中最有名的就是伊壁鸠鲁创立的伊壁鸠鲁学派,也叫快乐主义。

伊壁鸠鲁(公元前341年~公元前270年),生于萨莫斯岛,从小跟着父亲谋生,他曾经接触过德谟克里特的原子论学说,因此对哲学产生了浓厚的兴趣。他与柏拉图学派和亚里士多德学派的学者都有着很密切的交往。一般认为他是德谟克里特的信徒,他认同德谟克里特的原子论并对其进行补充和发展,提出了自己的原子论自然观和快乐主义的伦理学。

18岁时,伊壁鸠鲁来到雅典服兵役并继续研究他的学问,之后在古希腊的许多城市讲学。公元前307年,他再次来到雅典,在自己住宅的花园里开办学校,他的学校被称作"伊壁鸠鲁花园"。这里聚集着伊壁鸠鲁的朋友和弟子,还包括一些妇女。他的追随者把他当作神圣者来崇拜,他的教导被当作教律严格执行,伊壁鸠鲁在此享有极高的声誉和威望。这里就像一个小社会,伊壁鸠鲁想方设法使花园与外面的纷争隔离开来。

伊壁鸠鲁一生小病不断,他虽然饱受折磨,但毫不退缩地忍耐了下来。可以说,他一生都在追求获得某种不受干扰的安宁状态。

伊壁鸠鲁最重要的学说是他的快乐主义伦理观。他认为,人生来就是一种追求快乐的动物,我们生活的目的就是快乐,快乐是人生当中唯一可以想象并且非常正当的一种目的,我们所追求的幸福生活是我们天生的最高的善。伊壁鸠鲁既不赞成那种禁欲主义,也不赞成享乐主义。他的快乐主义伦理观被誉为西方伦理史上的典范。

伊壁鸠鲁在临终之前,非常平静地写完了遗嘱和给朋友们的信,然后洗了一个热水澡,喝下一杯甜酒,最后对身边的学生们说:"再见了,朋友们,请牢记我传授给你们的真理吧!"

伊壁鸠鲁学派的思想后来几乎成了基督教的劲敌。在中世纪,伊壁鸠鲁成了不信上帝、不信天命、不信灵魂不死的同义语,一直到罗马诗人卢克莱修在《物性论》中的继承和发展,他的思想才成为后世自然主义和功利主义伦理思想的重要理论渊源。

 **精彩语录**

◇像隐士那样生活吧!

◇幸福就是身体无痛苦,灵魂无纷扰。

◇最善于应付对外面敌人的恐惧的是尽量交友;对于不能交为朋友的人,至少要避免和他们结怨;要是连这个也办不到,就要尽可能地避免和他们往来,为自己的利益疏远他们。

◇我们生存时,死尚不存在;死来时,我们已不生存,所以死与我们毫无关系。

◇快乐没有本来就是坏的,但是有些快乐的产生者却带来了比快乐大许多倍的烦扰。

◇若是无法解除身体上的疾病,医学可谓毫无助益;同样地,若是无法去除心灵上的苦难,哲学亦是毫无用处。

◇正义就在于你的行为不至于害怕引起别人的愤恨。

◇如果天空中的怪异景象不会使我们惊恐,死亡不令我们烦恼,而且我们能够认识到痛苦和欲望是有界限的,我们就根本不需要自然科学了。

伊壁鸠鲁的著述基本都已经失传,现存的只有三封信,分别论述了自然哲学、天文学、伦理学,以及题为《格言集》和《学说要点》的残篇。

## 哲学思想
### 原子论的自然观

伊壁鸠鲁是德谟克里特的忠诚信徒，他非常赞成其原子论的观点。伊壁鸠鲁认为，原子除了有形状、次序和位置之外，还有重量这一性质。

原子之所以可以运动，是因为两个原因：一是原子自身有重量，所以可以在无限的虚空中下落；

二是原子之间相互碰撞而产生偏斜，出现运动。所谓事物就是无序的碰撞造成的结果。

马克思在他的博士学位论文《德谟克里特的自然哲学和伊壁鸠鲁的自然哲学的差别》中阐释了伊壁鸠鲁原子论的理论意义，文章证明伊壁鸠鲁的自然哲学不是德谟克里特原子论的翻版，而是它的创造性发展，原子的运动既有必然性，又有偶然性。

用这种方式，伊壁鸠鲁否认了目的论和宿命论，也就否定了神的意义。所以伊壁鸠鲁被认为是第一位无神论者。

## 快乐主义

伊壁鸠鲁认为，哲学的目标是使人们过一种幸福生活。像音乐、几何、算术和天文学等学科无助于实现这一目的，因而是没有价值的。

人生来就是要追求快乐的，但快乐需要是真正的快乐。快乐是自己的欲望得到满足，但这种欲望是自然的、无害的欲望，那些有害的欲望是应该得到克制的。

快乐分为肉体快乐和精神快乐，肉体快乐和精神快乐都具有静态与动态两种形式。

静态的快乐是神的快乐，是和谐有秩序的原子运动所产生的；静态的快乐是肉体没有痛苦、精神没有烦恼的一种圆满的快乐。

而动态的快乐表现为剧烈的原子活动所产生的，这种快乐是暂时的，不圆满的。

# 奥古斯丁
## ——教父哲学

基督教发源于公元1世纪的巴勒斯坦地区的犹太人社会,最初是由犹太教分裂而来,是以信奉耶稣基督为救世主的宗教,提倡一种对上帝的信仰,从而获得救赎和解脱。

基督教是世界三大宗教之一,它的出现一开始并不被官方所承认,一直到公元313年君士坦丁大帝颁布《米兰敕令》,罗马统治者才停止了对基督教徒的迫害。中世纪时期,也就是从公元5世纪后期到公元15世纪中期,基督教成为凌驾于政权之上的绝对意识形态。基督教哲学因此成为这一时期西方哲学研究的主场。

基督教哲学是基督教会的一种意识形态,它以神为核心、信仰为前提、《圣经》为基础。在基督教近2000年的历史中,基督教哲学主要分为两个阶段,早期的教父哲学和后期的经院哲学。教父是基督教实现大一统过程中将教义系统化的捍卫者,同时也是教规的制定者和公教会的组织者,他们力图把所有的哲学问题都用神学加以阐释,他们的哲学思想也叫教父哲学。

早期教父哲学的主要任务就是护教,也就是确立基督教思想的合法性。奥里留·奥古斯丁(354年~430年),是教父哲学的中坚人物,他出生于北非的塔加斯特,曾受到很好的教育,他的父亲是异教徒，但母亲是基督徒，在母亲的教育下他学会了拉丁语。

青春期里，奥古斯丁为情所困。16岁的他在迦太基与一位妇女相爱，并且生下了一个男孩。后来，他与一位少女订了婚，并和以前的情人断绝了联系。可是他的未婚妻太年幼了，要等两年之后才能举行婚礼，耐不住寂寞的他，又有了一个情人……良心越发不安的奥古斯丁，在举行婚礼前，下定决心终身不婚。

公元384年，奥古斯丁在罗马帝国的首都米兰担任修辞学教师，他从上帝创世说出发，吸收了新柏拉图主义的思想，认为存在高于物质性的事物，也就是灵性的存在。公元387年，奥古斯丁正式受洗。信教之后，他被推选为教会执事，之后升任北非希波城主教。奥古斯丁既有非常纯正的基督教信仰，又有十分深厚的古典文化修养，很少有人能将二者完美地结合。

公元410年，罗马遭受西哥特人的横扫，摇摇欲坠。许多人归罪于基督教，认为这是更换了罗马的国教，造成神的愤怒而遭受的惩罚。面对对基督教信仰的质疑，奥古斯丁临危受命，撰写了鸿篇巨制《上帝之城》，阐述了基督教的历史哲学，提出对历史做出新的解释，说明了基督徒所归属的不是罗马帝国或任何地上之城，而是上帝之城，罗马的衰退是因为道德的衰退，基督教不但不是罗马衰退的原因，反而有助于道德的提升。

奥古斯丁被认为是古罗马历史上最伟大的基督教思想家，是早期基督教哲学体系的集大成者。他不像那些反智主义的教父，而是积极借鉴古希腊哲学中的思想。但奥古斯丁的哲学观点经常是半截子的，在遇到一些不能自圆其说的问题的时候，他就会借用上帝来解释。奥古斯丁的神学思想统治基督教近10个世纪，一直到经院哲学的代表人物托马斯·阿奎那的出现。

## 精彩语录

◇如果学习懈怠,就会遭到责骂和惩罚。我的先辈们都曾经历过这样的生活,他们也要求我们继续走这条艰难的道路。

◇我们的生命具有一种美,当它与其他的美相配合时,也产生出自身的吸引力。人们间的友谊可以将心灵结合在一起,是值得赞美的。

◇虽然我怜悯别人,别人会说我善良;但我宁愿世间没有任何事需要我去怜悯不已,这才是真正的同情。同情他人是好的,但我们不能满足于这种同情。

◇西塞罗让我明白:我们追寻的不应是某个哲学学派,而是智慧本身。

◇人们非常重视朋友,而且重视的程度极深,以至于当无法以适当的友谊回报对方时,就会感到愧疚,良心会受到谴责。

——以上皆出自《忏悔录》

奥古斯丁的代表作有《上帝之城》《忏悔录》《论三位一体》《论自由意志》等。《忏悔录》是以祈祷自传手法所写的自传体回忆录,用13卷的篇幅,把自己从一个普通人到皈依基督教的历程,以及对基督教的切身感受写了下来,被罗马教会树立为"浪子回头"的典范。

## 哲学思想

### 上帝创世说

《圣经》中描述了一个从虚无创造世界的上帝，奥古斯丁对此进行了哲学意义上的辩护。

他认为，上帝是永恒超验的存在者，全能、全善、全智。

他将柏拉图的理念论、亚里士多德的形式说融入基督教的创世说中，认为上帝创世并不需要工具，不受因果关系或历史发展的支配，也不需要时间和空间。

他在创造世界的同时，也创造了时间。所以我们无法追问创世之前的状态，因为那时还不存在可以用来提问的时间。

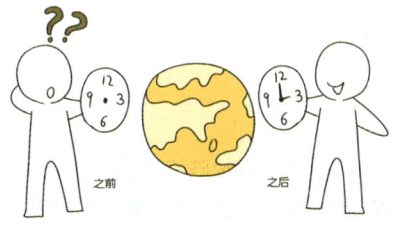

上帝首先创造了无形的种质，然后种质自行进行复制和展开，就产生了有形的万物。

## 上帝之城与世俗之城

奥古斯丁撰写了《上帝之城》一书,他认为,自从人类祖先亚当、夏娃被贬凡间开始,世间就分为了两座城。

一座由按照灵性生活的人组成,另一座由按照肉体生活的人组成,前者是上帝之城,后者是世俗之城。

这两座城在现实生活中是交织在一起的,国家的目标或者与上帝之城相一致,或者与世俗之城相一致。

在前一种情况下,国家的统治者是基督徒;在后一种情况下,国家的统治者是异教徒。

实际上,这反映的就是对现实世界的两种生活态度。奥古斯丁要求统治者和其他基督徒一样服从上帝,以上帝之城为目标和榜样进行统治。

## 光照说

光照说是奥古斯丁根据柏拉图的回忆说和基督教的思想结合的一种说法。

《圣经》中说"那光是真光,照亮一切生在世上的人",是"恩典和真理"。

奥古斯丁将这一教义理论化,提出了光照说。

他认为一切真理都存在于上帝之中,上帝是真理的来源,真理是上帝之光,正是上帝的光照使心灵的理性看到真理。

光照是人的理性获得真理的途径。因为灵魂是上帝创造的,所以在灵魂中隐藏着真理的成分。

## 三位一体

三位一体是奥古斯丁神学世界观所涉及的神学理念之一,他说:"父、子、圣灵,各位都是完全的,所以它是三位一体,而不是三重。"

奥古斯丁特别强调,这种神性的三位一体与感性事物是截然不同的。

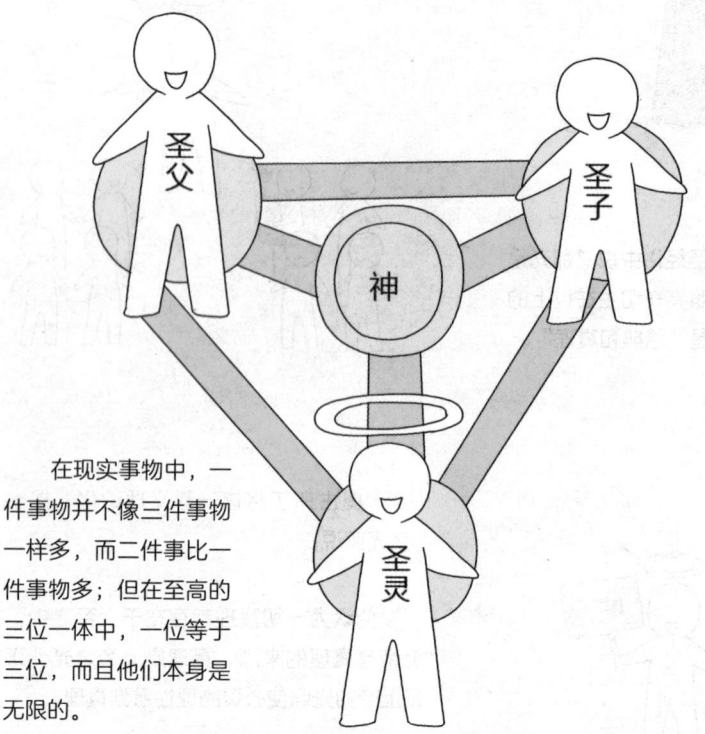

在现实事物中,一件事物并不像三件事物一样多,而二件事比一件事物多;但在至高的三位一体中,一位等于三位,而且他们本身是无限的。

因此,各位在各位里面,大家在各位里面,各位在大家里面,大家在大家里面,并且大家合而为一。

这样,奥古斯丁就论证了所谓的三位的合一性和平等性。合一性和平等性说明了神的唯一性,同时又是无所不在的。

# 托马斯·阿奎那
## ——天使博士

 小传

公元11世纪以后,在东方阿拉伯文明的刺激下,西欧社会出现一股小的文化复兴浪潮,理性精神开始重新高扬。这一时期,经院哲学开始发展,因其严谨的概念辨析和逻辑论证而被称为繁琐哲学。经院哲学也是为基督教服务的,同教父哲学一样,都是服务于基督教信仰系统的。

安瑟伦(1033年~1109年),被冠以"经院哲学之父"的美誉,他被认为是基督教世界最后一位教父,同时也是第一位经院哲学家。他试图把辩证法引入神学中,同时还提出了关于上帝存在的本体论证明。在安瑟伦之后,最重要的经院哲学家就是托马斯·阿奎那。

托马斯·阿奎那(约1225年~1274年)出生于那不勒斯王国的罗卡塞卡城堡,父亲是阿奎那伯爵。5岁时阿奎那就开始在修道院学习,15岁进入那不勒斯大学,开始接触亚里士多德哲学。在17岁那年,他加入了多明我会。根据最早有关托马斯·阿奎那的传记记载,他的家人为了让他放弃自己的志向,放弃加入多明我会,甚至安排娼妓去诱惑他,但他不为所动。

1244年末,他被送去科隆的多明我神学院,师从大阿尔伯特(约1200年~1280年)学习哲学和神学,后来跟随大阿尔伯特去了巴黎大学。在这段时间内,阿奎那卷入了大学与天主教修士之间有关教学自由的纠纷,作为辩护者的阿奎那在辩论中大获全胜,之后取得了神学学士学位。1248年,阿奎那返回了科隆,担任一名讲师。1252年,托马斯·阿奎那又前往巴黎攻读硕士学位,4年后获得神学硕士学位,开始在巴黎大学执教。

1272年,托马斯·阿奎那家乡的多明我会要求他建立一所新的大学,于是他回到那不勒斯建了一所学院,并在那里开始撰写他的《神学大全》。1273年12月6日的一次弥撒仪式中,托马斯·阿奎那称自己看见了神迹,事后他停止了《神学大全》的写作。当被问及为何封笔时,托马斯·阿奎那答道:"我写不下去了……与我所见和受到的启示相比,我过去所写的一切犹如草芥。"

1274年3月7日,托马斯·阿奎那在经历7周的病痛煎熬后去世。1323年6月18日,教皇若望二十二世于亚维农正式宣布追封托马斯·阿奎那为"圣徒",所以他也被称为圣托马斯·阿奎那,被认为是"天使博士"。

13世纪以后,托马斯·阿奎那的哲学在基督教哲学中占据了统治地位,他的神学体系被定为天主教与官方的正统思想。阿奎那将神学分为两类:一类是指人类理智难以理解的神秘启示,称之为启示神学,另一类是人类理性可以认识和理解的外部环境,称之为自然神学。他还主张君权神授,即君权来自神权,国王的权力是由上帝通过教会授予的,教权高于王权。

无论是教父哲学还是经院哲学,中世纪几乎没有绝对纯粹的哲学问题。所谓哲学家就是神学家,他们的研究也都是围绕着罗马天主教会的统治而展开的。

 精彩语录

◇上智的任务是治理。大哲认为命名指实,应依大众用语。依照大众用语,"智人"二字,指示"善于治理的人"。智慧的任务是治理。

◇愚人因不能懂哲理而称哲理为虚妄,是乃狂妄至极。依相同的比例,人类,由于理智不能研究通彻,因而将天主借天神给人类启示的那些真理,也尽皆怀疑以为虚妄,也是愚狂过度尤甚。

◇个体事物,不是生于必然,而是生于偶然。当它们不在之时,关于它们,不可能有定而无疑的知识。

◇须知意外发生的事物,不件件都必是元因而至的偶然,或稀罕事件。

◇不拘什么事物,既有美善之理,便能是意力的对象:只需要智力的知识。事物的美善,智力之所能知,便是意力之所能求。

——以上皆出自《驳异大全》

托马斯·阿奎那最著名的代表作就是《神学大全》和《驳异大全》(又叫《哲学大全》)。《神学大全》主要运用了亚里士多德的理论和经验哲学的繁琐论证,将基督教的全部信条编纂为一个庞大的神学体系。《驳异大全》主要是运用基督徒和异教徒共同认可的理性来证明基督教信仰的合法性。

### 哲学思想

## 哲学是神学的奴仆

托马斯·阿奎那将亚里士多德哲学引入基督教的神学体系,将理性神学推到了一个新的阶段。他在用亚里士多德的理论来论证基督教教义的时候,提出了哲学是神学的奴仆。

因为哲学是人的智慧之学,而神学则是神的学问,是最高的知识和真理。一切哲学研究的目的都将归结于神的知识和神的真理,所以哲学的地位低于神学。哲学是神学的奴仆,就像人是神的奴仆一样。

哲学作为人的智慧之学,它本身来源于人,而人是有限的,是有可能犯错误的,这与来自神的神学相比有很大差别。

神学来自神,所以是绝对至高的,也是不可能犯错的。

## 上帝存在的五个证明

安瑟伦曾经提出的关于上帝的本体论证明,实际上是从先验世界出发的,这种论证遭到了托马斯·阿奎那的质疑。于是他借鉴了亚里士多德的理论,提出了上帝存在的五个证明,通称"五条道路"。

第一,从事物的运动即变化方面论证。凡是存在的事物都运动。一个事物的运动为另一事物所推动,依此类推,必有一个不受其他事物推动的第一推动者,这就是上帝。

第二,从动力因来论证。在现象世界中,有果必有因,必须有一个最初的动力因,这就是上帝。

第三,从可能性和必然性来论证。自然界的事物不断产生和消灭,事物若不凭借某种已存在的东西就不会产生。每一必然的事物,其必然性有的是由其他事物引起,有的则不是。不能不承认有某一物,它本身就具有自己存在的必然性,并使其他事物得到它们的必然性,这就是上帝。

第四,从事物的真实性的等级来论证。一切事物的真、善、高贵都有由低到高的不同等级。在最高处必定有一至真、至善、至高贵的存在,使世上一切事物得以存在并具有不同等级的真实性,对此,人们称它为上帝。

第五,从世界的秩序(即目的因)来论证。任何生物都为某一目标而活动,它们谋求自己的目标,不是偶然的,而是有计划的,必定有一个智慧在指向它们的目的。这个智慧就是上帝。

我们看到,这五个论证的前三个都是从结果推出原因的因果论证明,后两个是目的论证明。

**第二部分 西方哲学的发展**

## 唯实论与唯名论

在经院哲学后期,哲学研究的主要问题是共相和殊相、一般与个别之间关系问题。围绕这个问题,哲学家们分成了两大派别:唯实论和唯名论。

唯实论认为一般先于个别事物存在,是独立于个别事物的存在。它们是上帝创造个别事物时所依照的原型,这些原型也就是上帝所具有的理念。

唯名论认为存在的事物都是个别的,心灵之外没有一般的对象。

虽然唯实论和唯名论两派的观点针锋相对,但也出现了一些折中的较为温和的观点。

托马斯·阿奎那是个大综合家,他把一般说成是一种实体形式:共相既在个别事物之先,又在个别事物之后,他也不否认共相在个别事物之中。

首先,作为存在于上帝心灵中的理念,共相在事物之外;其次,作为个别事物的本质,共相在事物之中;最后,作为人们从事物中分离出来的普遍概念,共相又在事物之后,在心灵之中。

# 霍布斯
## ——世界统一于物质

 小传

托马斯·霍布斯（1588年～1679年），生于英格兰的一个牧师家庭。霍布斯早年的家庭生活很不幸。他父亲是个性情粗野、头脑糊涂的人，当霍布斯还是一个孩子的时候，他就在伦敦失踪了。所幸的是，霍布斯的叔叔担起了抚养侄儿的重任。

霍布斯自小遍览古典著作，在少年时期就展现出惊人的才华。14岁时便翻译了欧里庇得斯的《美狄亚》，15岁升入牛津的摩德林学院就读，学习经院派逻辑和亚里士多德哲学。毕业后，他成为德文郡公爵之子威廉的家庭教师，并于1610年陪伴他游遍欧洲大陆。霍布斯在此期间结识了伽利略、开普勒、笛卡儿等著名科学家和哲学家，经过比较，他得出了自己在英国接受的经院哲学教育和欧洲的科学研究之间的不同。

霍布斯在40岁时迷上了欧几里得几何学。他认为几何学的确定性可以应用于对人与社会的研究中。1629年之后，他开始开展哲学研究的工作，曾担任弗兰西斯·培根的秘书。

1642年，英国内战爆发，霍布斯由于主张绝对君权、反对国会分权而随英国皇室逃亡到了法国。在巴黎有许多流亡的英国保皇派，霍布斯决定撰写一本书，就当前内战引发的政治危机来说明其关于公民政府的理论，这就是1651年出版的巨著《利维坦》。

在霍布斯看来，国家就像一个伟大的巨人或怪物（利维坦），这种理论使霍布斯受到了大量的赞美和批评，远远超过当时其他的思想家。他所宣扬的绝对君权极大地刺激了发动革命的清教徒。后来时局发生变化，他不得不向革命派的英国政府求取保护。霍布斯在1651年冬天逃回了英国，受到了克伦威尔的优待。在向革命派政府表示归顺后，他被允许在伦敦过着隐居的生活，退出一切政治活动，从此潜心于学问，不问世事。

1679年，霍布斯死于中风，他在弥留之际说道："黑暗中的一跃。"他的墓志铭写着："这是真正的哲学家的墓碑。"

霍布斯是英国著名的唯物主义哲学家和政治思想家。他在思想上克服了培根哲学的不彻底性，建立起近代第一个机械唯物主义体系，他的无神论思想在当时引起了非常大的震动，并且他的社会政治理论也具有划时代的意义。在历史、几何学、物理学、神学、伦理学、哲学概论以及政治科学等其他不同领域，霍布斯也有所贡献。

 **精彩语录**

◇一个人听到一种语言，懂得了构成语言的具体语词以及它们相互联系生成的意义，就可以说他理解了这种语言。理解不过是由语言所形成的概念。

◇感觉器官所感觉到的物质的属性，存在于产生它们的物质之中。这些属性其实是物质的不同的运动形式。因此，我们对物质的感觉其实不过是物质的不同运动形式。

◇人们发现自己在运动后产生一种疼痛和疲倦感，于是便想当然地认为每一种其他东西也都会在运动后因疲倦而想要休息。他们很少考虑到，休息的欲望也许是另一种形式的运动。

◇胆小、迷信且听多了神鬼故事的人，即使在完全清醒的时候，如果独自一个人在黑夜里，也会自以为看见了幽灵和鬼魂在墓地里徘徊。其实那只不过是他们的幻觉或别人的捉弄而已。

◇为了和平共处并防御共同的敌人，一个群体中的每一个人都同意把他们全体的权利授予一个人或几个人，且无论其群体中的某个人或某些人是否同意，他们都必须听从这一个人或集体的裁断。当上述契约订立之时，就是国家按约建立之日。

——以上皆出自《利维坦》

霍布斯著有《利维坦》《论公民》《论物质》《论政体》《论人》《论社会》等。《利维坦》一书，从社会契约理论的角度，为大部分西方政治哲学的发展奠定了基础。其中大多数篇幅都用于证明必须有强大的中央权威才能够避免邪恶的混乱和内战。

## 哲学思想
## ——世界统一于物质

在霍布斯看来，世界上唯一存在的只有物质构成的物体，它不依赖于我们的思想而客观存在，并且占有一定的空间，能够为人们所认识。

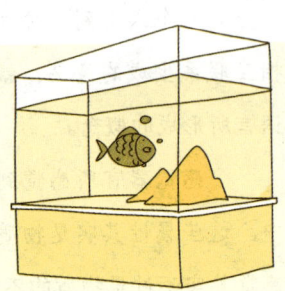

霍布斯认为世界统一于物质，除了物体之外不存在其他非物质的事情，世界就是无数物体的总和。

人们所能设想的只能是各种有形的存在物，经验哲学家和神学家提出的无形的实体是不复存在也是自相矛盾的，所以霍布斯完全否定了宗教神学。

## 感觉与推理

霍布斯认为哲学从根本上来说就是一门推理的学问。

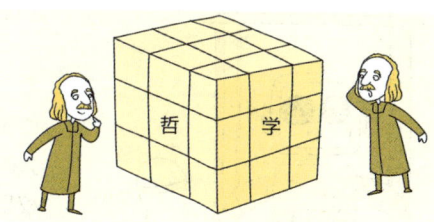

他对推理的理解也都是机械性的,将推理等同于计算。他认为感觉是一切知识的来源和开端,这与培根一样。

霍布斯以人的观念为例,当看到一个类似于人的物体的时候,首先产生的就是"物体"的观念。

当逐渐靠近这个物体的时候,发现他在运动,于是又加上"活的"这个观念;当进一步接近那个物体的时候,发现它又具有"理性"的一些特征,这样"物体""活的""理性"叠加在一起就是人。

## 利维坦

霍布斯用机械论来解释人类社会,他认为生命是四肢的运动,机器人的生命是人造的。国家,即利维坦,是人的技巧创造的,是一个模造的人,主权是它的灵魂。

他认为在人类社会产生之前,人就处于一种自然的状态,这种状态下没有原则和衡量的尺度。但是因为人的本性是在无休止的欲望中度过的,所以说为了使人与人之间形成稳定的关系,人们便订立契约形成国家。

国家本身就是一种人造的机器物体。国家的权力是至高无上的,他就像《圣经》当中所说的海中怪兽利维坦一样,不断地运用强制力量来限制每个人的私欲。

人只有两种选择:一种是原始状态,即完全的无政府状态;另一种就是彻底地臣服于国家权力之下。

在结尾部分,霍布斯说,这本书有趣而易读,希望主权者也可以看到这本书,以便成为一个绝对的主权者。

# 培根
## ——知识就是力量

 小传

近代哲学是从培根和笛卡儿开始的。培根代表着实验科学的哲学，这来源于对客观世界的感觉和经验；而笛卡儿代表着自我意识的哲学，来自对理性自我的反思。从培根和笛卡儿开始，哲学真正意义上转移到认识论问题上。

弗兰西斯·培根（1561年~1626年），出生于英国一个显赫的贵族家庭，他的父亲尼古拉·培根曾任英国女王伊丽莎白一世的掌玺大臣，母亲安妮也出身名门望族，是英王爱德华六世老师安东尼·库克爵士的女儿。培根从小体质羸弱，表现出少年老成的特点，他一开始在家接受教育，12岁进入剑桥大学三一学院学习，但很快就表现出对教育制度和经院哲学的厌恶。

1576年，培根离开剑桥大学，到英国驻巴黎使馆任驻法大使的外交助手，培根的家庭背景使他顺理成章地进入了政界。1579年父亲去世，这让在法国的培根失去了实际的依靠。他只好返回英格兰继续攻读法律，并于1582年毕业。

在23岁时，培根被选为英国下议院议员，并且做了艾塞克斯伯爵的顾问。后来，艾塞克斯伯爵因发动政变倒台，培根又在起诉他的过程中发挥了积极的作用。这一经历使培根饱受非议。

第二部分　西方哲学的发展

总体来说，伊丽莎白女王当政时期，培根的仕途并不顺利。1603年，詹姆斯一世即位以后，他才时来运转，历任首席检察官、国王枢密院顾问、掌玺大臣和大法官，授封为维鲁兰男爵和阿尔本子爵。但是后来因为任大法官时贪污受贿，培根被免除了一切职务并逐出国会，判处罚金4万英镑，监禁于伦敦塔内。之后，身败名裂的培根选择退隐山林，专门从事学术活动。1626年，培根在进行一次冷冻对肉类保鲜的效果实验时遭受风寒，染上肺炎，最终与世长辞，享年65岁。

尽管培根的政治生涯终以身败名裂收场，但其哲学思想深刻影响着世人，他对文艺复兴传统有着广泛的兴趣，创作了法律以及历史方面的作品，并以随笔闻名于世。

培根是西方近代哲学和英国经验主义的奠基人。他的著名命题"知识就是力量"，是近代科学理性冲破封建思想专制的第一声呐喊，反映了当时英国新兴资产阶级渴望利用科学技术发展资本主义的愿望。培根认为科学技术的发明与创造是推动历史前进的动力，知识不仅是学问，更是一种力量。马克思称其为"英国唯物主义和整个现代实验科学的真正始祖"。

 **精彩语录**

◇ 读书使人充实，讨论使人机智，笔记使人准确，读史使人明智，读诗使人灵秀，数学使人周密，科学使人深刻，伦理使人庄重，逻辑修辞使人善辩。凡有所学，皆成性格。

——《培根论说文集》

◇ 要寻求权力而失掉自由，或寻求凌驾他人的权力而失却统治自己的权力，这一种欲望是一种可异的欲望。

——《培根论说文集》

◇ 友谊的主要效用之一就在使人心中的愤懑抑郁之气得以宣泄弛放，这些不平之气是各种的情感都可以引起的。

——《培根论说文集》

◇ 哲学才应被尊重为科学的伟大的母亲。因为一切方术和一切科学如果被拔离了这个根子，则它们纵然被打磨、被剪裁得合于实用，却是不会生长的。

——《新工具》

◇ 人们对事物的理解并不是那么公正且富有理性的，而是受到强烈的主观愿望和个人情感的影响。

——《新工具》

◇ 一个人更愿意相信他所倾向的东西，而不是真理。

——《新工具》

培根的代表作有《培根论说文集》《新工具》等。《新工具》原名《新工具或解释自然的一些指导》，分为两卷，第一卷着重批判经院哲学的观点，提出了著名的四假相说，主张人应该是自然的解释者；第二卷论述了归纳方法，为归纳逻辑奠定了基础。

## 哲学思想

### 人是自然的奴仆

培根在《新工具》一书的开篇就指出,人是自然的奴仆,也是自然的解释者。

这句话的本质就是人要像仆人尊重主人那样按照自然的规律办事。

这实际上与经院哲学的观点"人是神的奴仆"形成对立,冲击了经院哲学的统治地位。

培根表达了这一观点,实际上就是要将对自然的解释由人来掌握,同时也体现了他的方法论是由感觉开始。

## 知识就是力量

培根用其哲学家特有的理性认识到自然科学对人类发展的特殊意义,所以提出了那句著名的"知识就是力量"的论断。

他认为在所能给予人类的一切利益当中,最伟大的就是发现新的技术、新的才能和以改善人类生活为目的的物品。

这种认识和改造世界的巨大力量,本来就是人自己的力量。

## 四假相

人类要认识自然就必须突破人类认识的局限性,也就是四假相。培根把这种认识上的障碍归结为以下四个方面。

第一是种族假相,也就是人性的缺陷。因为人自己设定自己的感觉和理性为衡量标准,这实际上就缺乏了科学所需要的真理态度和客观性,也就最终歪曲了事实的真相。

第二是洞穴假相,指个体差别造成的缺陷。每个人都有自己独特的生长环境、教育程度、性格爱好、思维方式等,所以就会出现自己的主观性、片面性的想法,这也与事情的真相相去甚远,好比坐在自己的洞穴中。

第三是市场假相,即在用语言进行表达的时候所产生的误解。在交往生活当中,人们使用的模糊的语言都会产生混乱,所以这种中介上的混乱称为市场假相。

第四是剧场假相,是指各种哲学体系和流行理论造成的错误。培根把各种哲学思想比作一台戏剧,每一场的表演虽然精彩,但它毕竟是表演的东西,如果将其视为真实的,那就会增加对这种思想的崇拜和信仰,也会离事实的真相越来越远。

培根的四假相理论对哲学认识论的发展具有重要的意义。

## 经验归纳法

为了寻找一种新的科学研究方法,培根针对亚里士多德的《工具篇》撰写了《新工具》一书。

他找到的方法就是从观察和实验的若干个别的案例中发现普遍的规律,通过排斥法来发现周围现实的各种现象间的因果关系,追求事物背后的本质性联系。

从根本上看,这种新的工具没有超出亚里士多德的范畴,但它坚持观察的态度不失为一种有价值的认识。即使粗糙,在当时确实具有开创性的意义。

# 笛卡儿
## ——我思故我在

勒内·笛卡儿（1596年～1650年），法国哲学家、数学家、物理学家。他是近代理性主义乃至近代西方哲学的创始人，法国启蒙运动的先驱者之一。他本人对近代哲学的认识论转向有着极为自觉的意识和使命感。

1596年3月31日，笛卡儿生于法国安德尔-卢瓦尔省的图赖讷，现在这个地方为了纪念他，改名为笛卡儿。笛卡儿诞生在一个地位较低的贵族家庭，父亲是布列塔尼议会的议员，拥有大量地产；1岁多时母亲患肺结核去世，而他也受到传染，家人好不容易才把他救回来。笛卡儿名字中的"勒内"一词，在法语中就是"重生"的意思。他10岁时进入当地有名的天主教耶稣会学校读书，接受古典式的教育。由于父亲希望他成为一名律师，1613年他到普瓦蒂埃大学学习法律，1616年毕业并取得律师执照。

毕业后笛卡儿对职业选择犹豫不定。他认为在大学里，除了数学之外没有学到任何有价值的知识，所以他丢开了这种书本上的知识，到荷兰、意大利、瑞士、德国等欧洲国家游历访学。

1618年，笛卡儿在荷兰入伍。这一时期，他萌发了对几何学与物理学的兴趣。1621年退役后，他来到意大利生活了两年，后又赴法国。他本想定居巴黎,塑造自己的哲学大厦,但是由于基督教教会的迫害,不得不流亡荷兰。从1628年开始,笛卡儿在荷兰待了20年,他大部分的哲学著作都是在荷兰出版的。

瑞典女王克里斯蒂娜很早的时候就阅读了笛卡儿的《哲学原理》,被其中的内容所吸引。这位好学的女王通过各种方法结识了笛卡儿,并和他保持长期通信。于是1649年,笛卡儿应邀来到瑞典斯德哥尔摩担任女王的私人教师。由于女王的时间限制,必须每天早上5点钟到宫中给她上课,加上天气严寒,笛卡儿每天都冻得半死,后来不幸感染肺炎,于1650年与世长辞,享年54岁。

笛卡儿终身未婚,有一私生女,但不幸夭折。人们在他的墓碑上刻下了这样一句话:"笛卡儿,欧洲文艺复兴以来,第一个为人类争取并保证理性权利的人。"

笛卡儿还是一位数学家,因为其将几何图形用代数方程在二维坐标系内表示出来而被誉为解析几何之父,他对物理学也有很深的研究。从这些学科中,他得出了四条规则:第一,理念需要明晰;第二,必须根据解决时的需要把每个问题分成若干部分;第三,思维必须按照由简到繁的顺序,如果没有顺序,我们必须假设一个;第四,为了确保没有任何疏忽,我们应该经常进行彻底的检查。

笛卡儿生活在新旧知识交替的时代,他首先从方法论的角度,摧毁旧的经院哲学体系的基础,同时证明新兴的自然科学的合法合理性。他曾说,要想追求真理,我们必须在一生中尽可能地把所有事物都来怀疑一次。

这一主张在当时起到了解放思想的作用。笛卡儿认为一切都要怀疑,除了"我自己"之外。因为"我"在怀疑,也就是"我"在思想,既然"我"在思想,那么"我"肯定是存在的。"我思故我在"成为笛卡儿追求哲学的第一条原理。

## 精彩语录

◇ 书本上的学问,至少那些只说出点貌似真实的道理、却提不出任何证据的学问,既然是多数人的分歧意见逐渐拼凑堆砌而成的,那就不能像一个有良知的人对当前事物自然而然地作出的简单推理那样接近真理。
——《谈谈方法》

◇ 我们的判断要想一尘不染,十分可靠,就像一生下来就完全运用理性、只受理性指导一样,那是简直不可能的。——《谈谈方法》

◇ 我在学生时期就已经知道,我们能够想象得出来的任何一种意见,不管多么离奇古怪,多么难以置信,全都有某个哲学家说过。
——《谈谈方法》

◇ 老实说,世界上善于做形而上学思考的人不如善于做几何学思考的人多。——《第一哲学沉思集》

◇ 我还要在这条路上一直走下去,直到我碰到什么可靠的东西,或者,假如我做不到别的,至少直到我确实知道在世界上就没有什么可靠的东西时为止。——《第一哲学沉思集》

◇ 比如一块肉很合我的口味,而我看到它不合别人的口味,这时我并不认为我的口味比别人的口味高;同样,当一种意见让我喜欢而别人并不以为然的时候,我决不想我的意见是最真实的。
——《第一哲学沉思集》

笛卡尔著有《谈谈方法》、《几何学》、《第一哲学沉思集》(又名《形而上学的沉思》)、《哲学原理》等书。《谈谈方法》被公认为近代哲学的宣言书,树起了理性主义认识论的大旗。《第一哲学沉思集》通过普遍怀疑的方法,力图使心灵摆脱感官,通过纯粹理智来获得确定的知识。

## 哲学思想

### 天赋观念

笛卡儿认为，人的观念可以分为三种。

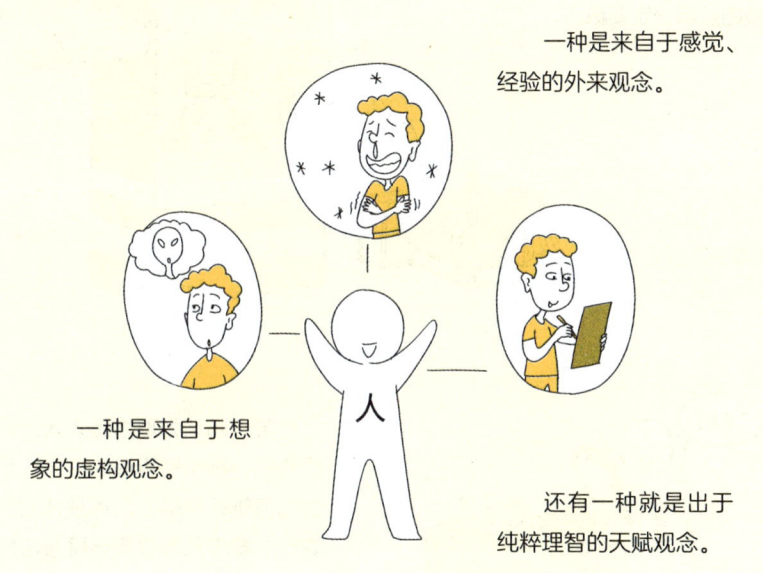

一种是来自于感觉、经验的外来观念。

一种是来自于想象的虚构观念。

还有一种就是出于纯粹理智的天赋观念。

天赋观念是普遍有效的，是对事物的本质的认识，是最永恒的真理。天赋观念是笛卡儿哲学的基础。

笛卡儿认为科学之所以是科学，就是因为科学所采用的原理是毋庸置疑的。而这样的基本原理是不可能来自我们的感觉和经验的，只能来自我们与生俱来的天赋观念。这就是笛卡儿试图建构起来的哲学体系科学性的基础。

## 普遍怀疑

笛卡儿是一位雄心勃勃的哲学家，他试图将所有的知识综合起来，构成一座知识大厦。而这座大厦的基础一定要稳固。

笛卡儿认为理性是人人生而具有的一种辨别真假的能力。那么如何排除障碍，发挥理性的权威呢？笛卡儿用普遍怀疑方法解决这一问题，这种方法是为了消除成见和谬误以获得真理。

在笛卡儿看来，通过普遍怀疑，人们可以摆脱一切成见，以便运用理性弄清楚理性，为整个知识大厦建立可靠的基础。笛卡儿的这种普遍怀疑的方法具有一定的启蒙作用。

## 我思故我在

中世纪的经院哲学经常鼓吹信仰至上，宣扬盲目崇拜，留下了很多武断的教条，尤其是将"上帝"作为不可否认的前提来讨论其他事情。

笛卡儿认为应当以人类理性为尺度，对一切认识和一切关于社会事物的观念进行重新思考，提出"我思故我在"。这种观点一出来，笛卡儿就遭到了基督教会的迫害，他的著作也被教会列为禁书。

我思故我在是笛卡儿研究哲学的第一条原理。有一件事情我们不需要怀疑，也没有办法怀疑，那就是"怀疑"本身。这样的行为包含对思维主体的肯定，所以我们也不能怀疑"我在怀疑"这件事。"我"就是思想活动的主体。

这个命题高扬人的自我意识与理性权威，具有划时代的意义，欧洲哲学也以此为重要标志，从以本体论为研究的古代，进入到以认识论为中心的近代。

笛卡儿虽然确立了主体性的原则，但是也产生了心灵与身体之间的关系问题。如果作为人来说，思想是思想，身体是身体，那思想和身体就是分立的，两者就不是一致的。

## 上帝存在的证明

笛卡儿从"我思故我在"出发，继续推演出上帝存在。

因为"我"会怀疑，那就证明"我"本身是不圆满的，也是有限的，"我"的内心明白地感到这种认识上的不足对应着一个圆满的观念，那就是上帝。所以上帝必然存在。

"我"的认识能力是上帝赋予的，上帝不可能欺骗"我"，所以说"我"的认识和"我"所看到的一定也是真实的，所以物质对象也一定存在。

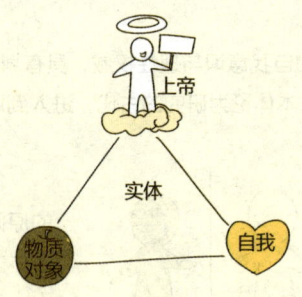

这样，自我、上帝、物质对象三者就构成了物质世界中真实存在的实体，这就是笛卡儿的本体论。

# 洛克
## ——心灵如白板

 小传

约翰·洛克（1632年~1704年），出生于英国灵顿，他的父亲是地方律师，曾在英国内战时期担任议会派部队的军官。1652年，洛克入读牛津大学基督教堂学院，1656年获得学士学位，1658年获得硕士学位，同时还获得医学学士学位。毕业后，洛克在牛津大学教授希腊文、修辞学和道德哲学。

1665年，洛克离开牛津大学，作为驻外使馆秘书到德国和法国工作。1666年，洛克结识了第一代沙夫茨伯里伯爵，伯爵当时正为肝脏疾病所苦，因为洛克医术精湛，便招洛克担任他的私人医师和秘书。在这段时间里，洛克开始了其一生最重要的哲学著作《人类理解论》的创作。1675年，洛克前往法国，1679年回国，其间撰写了《政府论》一书。

1683年，洛克由于牵涉一件刺杀国王查理二世的阴谋案而逃往荷兰。流亡期间，洛克重新开始了写作，他校对了《人类理解论》并继续撰写《论宽容》。1688年光荣革命后他才离开荷兰回国，并在新政府中的商业部任职。后来因为身体原因辞官，从1691年开始就一直定居在密友玛莎姆女士在埃塞克斯郡的乡下住所，直至1704年去世。洛克终身未婚，也没有留下任何子女。

在政治上,洛克实际上支持的是君主立宪制,并且撰写了政府的论述。在哲学上,他系统地论述了人的发展认识的过程。他的代表作《人类理解论》是欧洲哲学史上第一部认识论的专著。他的著作大大促进了认识论和政治哲学的发展,被认为是哲学自由主义的鼻祖,也影响着伏尔泰、卢梭、许多苏格兰启蒙思想家以及美国的革命者。

## 精彩语录

◇ 人可以从上和从下认识自己。从上认识自己,即从人自身的光亮、人自身的神性源头去认识;从下认识自己,即从人自身的幽冥、人自身潜意识中自发的魔性源头去认识。 ——《人类理解论》

◇ 一个人纵然横遭压抑,磨难不已;纵然沉疴在身,不久人世;纵然只存于一种可能性或者潜能中;但重要的是万万不能没有个体人格。人一旦没有个体人格,也就混同于世界的其他事物,也就失掉人自身的独特性。 ——《人类理解论》

◇ 社会的事物总是不断地发生变化,没有一件事物能长期处在同一状态中,因此人民、财富、贸易、权力等状况随时发生变化。

——《政府论》

◇ 设置在人世间的裁判者有权裁判一切争端并防止国家的任何成员可能受到伤害,这个裁判者就是立法机关或立法机关所委任的官长,而由于这种裁判者的设置,人们便脱离自然的状态,进入一个有国家的状态。 ——《政府论》

◇ 教育上的错误比别的错误更不可轻犯。教育上的错误正和错配了药一样,第一次弄错了,决不能借第二次、第三次补救,它们的影响是终身洗刷不掉的。 ——《教育漫话》

◇ 学到很多东西的诀窍,就是一下子不要学很多的东西。

——《教育漫话》

洛克的《人类理解论》想要探究的是人类知识的源头、确定性和人类认知的程度。《政府论》论述了政府的权威只能建立在被统治者支持的基础之上,并且支持社会契约论。《教育漫话》论述"绅士教育",探讨了如何通过教育巩固英国资产阶级革命的成果。

## 哲学思想

### 心灵如白板

洛克不赞同当时流行于欧洲哲学界的天赋观念,他认为天赋观念只是一种不可能的假设。

洛克和培根一样认为,人的观念主要来自人的感性经验,感性经验主要来自感官的感受,也就是外部世界。所以,人的全部观念都是通过外部世界得来的。

也就是说,我们的一切的知识都不是先天的,而是后天的,是需要人在学习和认识过程中不断获得的。

洛克认为人生来就像一块白板,上面没有任何记号,没有任何观念,对任何事物也都没有印象。我们所有的知识都是建立在经验上的,所以我们的人生经历就像画笔在这块白板上进行描绘。

## 两种性质学说

洛克将物体的性质分为第一性质和第二性质。

第一性质就是指物体的体积大小、形相、数目、位置、运动和静止等性质。其特征就是不论物体处于何种情况下,它们都是绝对不可能同物体分开的。

第二性质主要是指物体在我们感官上所形成的颜色、声音、气味、冷热、软硬等。这种性质也称为可感觉的性质。

第一性质是客观的、实在的,不会因为人的意识而转移;而第二性质则是物体在人心中形成的印象,同主体的状况有很大的关系。

## 感觉与反省

洛克认为，人的经验主要有两个来源，也就是感觉与反省。

感觉是我们的感官对外部世界的刺激所产生的感受，它构成了我们大部分观念的来源。

而反省则是对各种心理活动的注意，以内部的心灵活动为对象，通过反省，我们可以获得思维、信仰、认识等。

# 斯宾诺莎
## ——孤独的道德楷模

巴鲁赫·斯宾诺莎（1632年~1677年），出生于荷兰阿姆斯特丹一个犹太人家庭。据说他的家族原本居住在葡萄牙，后来搬迁到了荷兰。因为自从穆斯林被赶出西班牙和葡萄牙之后，宗教裁判所就不再容许异教的存在，这使得非基督徒的生活不大好过了。而16世纪中后期，荷兰完成了宗教改革，并在反抗西班牙统治者的暴政中取得胜利，建立了资产阶级国家，为这些受迫害的人提供了避难之地，阿姆斯特丹因此成了犹太社团的新家园。

斯宾诺莎早年在一所培养犹太教士的学校学习神学和哲学，后来又在一所世俗学校里学习拉丁文。对于他活跃的头脑来说，这些传统的学习太简单了。借助于拉丁文，他熟读了一些思想家的著作，比如布鲁诺、培根、霍布斯、笛卡儿。这些思想家曾经推动了学术的复兴，而且发展了新的科学和哲学。斯宾诺莎因此对犹太教的经典思想发生了怀疑。

这让犹太教会极为恐慌，对斯宾诺莎提出了警告。当时，改良宗教的神学家们坚持走自己的路，毫不妥协；正统派则认为对宗教的任何激烈批判，都将破坏当时盛行于荷兰的宽容气氛。最后，他们将斯宾诺莎赶出了犹太教会，并驱逐出境。1670年，斯宾诺莎来到了海牙。

从此，生性内向的斯宾诺莎完全隐遁起来，他甚至拒绝了父亲的一份遗产，在由朋友组成的小圈子里过着平静的生活。他以打磨镜片为生，这与犹太传统也是相符的，因为一个学者也应该掌握一门手艺。他继续从事着哲学研究，尽管过着一种隐居生活，但他的名声迅速地传开了。他与一些崇拜者保持了书信联系，其中最重要的一位就是莱布尼茨，据说他们相识于海牙。但斯宾诺莎从没有答应过复出。

斯宾诺莎对物质财富并不奢求，多次拒绝了他人的捐赠。1673年，巴拉丁选帝侯提出让他担任海德堡大学的哲学教授，被他婉言谢绝。他回绝的理由是，如果他去教授哲学的话，就会中止自己对哲学的研究，他也怕给人留下试图推翻现有宗教的印象。

有人曾经告诉斯宾诺莎，如果你把你的著作献给法国国王路易十四的话，那就可以终身无忧了。然而斯宾诺莎拒绝了，他说："我只将我的著作献给真理。"

斯宾诺莎身患肺结核病，由于经常吸入玻璃粉尘，他的病情更为加重，45岁因肺痨去世。

罗素在《西方哲学史》里评价道："斯宾诺莎是伟大哲学家当中人格最高尚、性情最温厚可亲的。按才智讲，有些人超越了他，但是在道德方面，他是至高无上的。因此，他在生前和死后一个世纪以内，被看成是坏得可怕的人，这是当然的后果。"

 精彩语录

◇所有这些恶的产生,都是由于一切快乐或痛苦全都系于我们所贪爱的事物的性质上。 ——《知性改进论》

◇至善乃是这样一种东西,人一经获得之后,凡是具有这种品格的其他个人也都可以同样分享。 ——《知性改进论》

◇上帝的意志是无知的避难所。 ——《神学政治论》

◇自由比任何事物都为珍贵,容纳自由,不但于社会的治安没有妨害,而且,若无此自由,则敬神之心无由而兴,社会治安也不巩固。 ——《神学政治论》

◇一个不知道自己的人,即是不知道一切道德的基础,亦即是不知道任何道德。 ——《伦理学》

◇害羞是畏惧或害怕羞辱的情绪,这种情绪可以阻止人不去犯某些卑鄙的行为。 ——《伦理学》

◇只要精神在理性的指示下理解事物,无论那观念是现在事物、过去事物,或未来事物的观念,精神有同等感动。

——《伦理学》

斯宾诺莎的代表作有《知性改进论》《神学政治论》《伦理学》等。《知性改进论》是斯宾诺莎关于方法论和认识论的著作。《神学政治论》遭到了以宽容著称的荷兰当局的禁止,斯宾诺莎的泛神论也因此而被教会和时人等同于无神论。《伦理学》讨论阐述了心灵、意志心理学、激情心理学以及基于上述各项的伦理学理论。

## 哲学思想

### 神即实体即自然

后世将斯宾诺莎的思想总结为无神论并不正确,其实斯宾诺莎的思想是泛神论,他的神不是宗教意义上的,而是实体,是自然。

在斯宾诺莎看来,宇宙是一个整体,是处于普遍联系之中的一个和谐有序的实体。

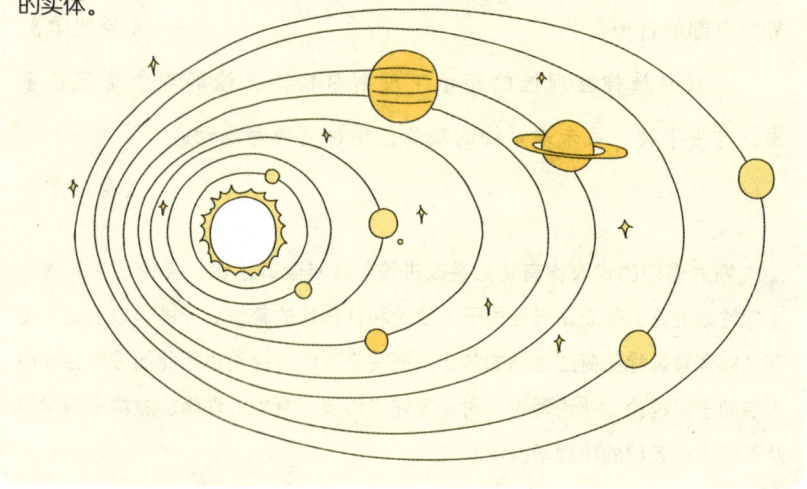

这个世界上并没有偶然性的事物,所有的事物都是由神的必然性所决定的,所以所有的事物也是按照神的这种必然性存在和运动的。

## 功利主义伦理观

斯宾诺莎认为，人的本性首先是保存自己，而人趋乐避苦的情欲、追求私利的幸福的欲望，都是为了保存自己所做的努力。在他看来，这种保存自己的努力是道德的基础。

因此，斯宾诺莎反对把情欲、追求私利本身看作目的。

凡是受理性指导的人，即善于用理性控制自己的情欲；以理性为指导寻求自己利益的人，他们所追求的自由，也即是他们为别人而追求的东西。所以，他们都是道德上公正、忠诚而高尚的人。

在斯宾诺莎看来，道德不否定个人追求自己的利益，如果把对于资财、荣誉和快乐的追求看成手段，而不是目的，并且加以适当的节制，这不但没有什么妨碍，而且能够促进目的的实现。

第二部分　西方哲学的发展

## 真观念

斯宾诺莎把观念的种类分为三种:

感性知识

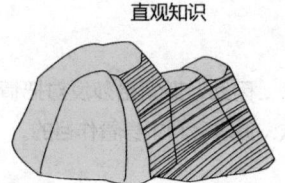
直观知识

作为意见或想象的感性知识、作为理性的推理知识和作为本质的直观知识。

推理知识

直观知识就是真观念,是一切真理的源泉。理性知识是从真观念推理而来的知识,也是可靠的。像数学公理推导一样,构建一个完整的知识体系。

## 自由是对必然的认识

一个人的知识水平越高,对自然的认识水平越高,对自然规律把握得越透彻,那么他在自然面前就越是自由的。

世界充满了各种必然性,但人是不自由的一种生物,为了获取自己的自由,必须要认识这种必然性自由,就是对必然的认识。

对斯宾诺莎来说,哲学的目标也是对事物的完全认识,而这只有通过清晰而明确的思考才能获得。

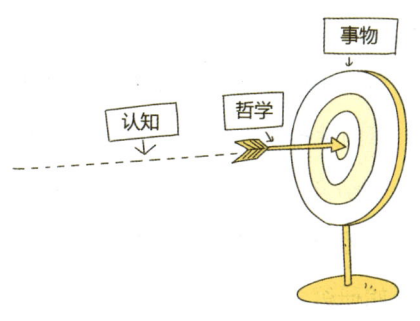

# 莱布尼茨
## ——十七世纪的"亚里士多德"

戈特弗里德·威廉·莱布尼茨（1646年～1716年），生于神圣罗马帝国的莱比锡，他的父亲是莱比锡大学的道德哲学教授，但在莱布尼茨6岁时去世，此后他由母亲独自抚养长大。莱布尼茨的母亲是一位虔诚的基督徒，她的教导对其日后的哲学观具有重要影响。

去世的父亲给莱布尼茨留下了大量私人藏书，其中有很多拉丁文典籍，莱布尼茨在12岁时就已掌握拉丁文。自小的家庭环境让他养成善于思考的习惯，显示出活跃的批判性才华。

莱布尼茨15岁就进入莱比锡大学学习哲学，4年后获得哲学硕士学位，然后到耶拿大学攻读法律，于1665年获得法学学士学位。20岁时，莱布尼茨出版了他的第一本著作《论组合的艺术》，同年他申请莱比锡大学的法学博士学位，但是由于年龄太小而遭到了莱比锡大学老教授们的拒绝。于是他转往阿尔特多夫大学，这个大学比较宽容，不仅授予他博士学位，而且还给了他教授的职位。不过另有打算的莱布尼茨并没有接受这一职位。

1667年，莱布尼茨在博因堡男爵的介绍下，为美茵茨选帝侯大主教做外交方面的工作。在为选帝侯出使巴黎的这段时间，莱布尼茨开始研究数学，不久便发明了自己的一套微积分理论，并且他在微积分中使用的符号远远优于牛顿使用的符号。

围绕谁先发明微积分,有过一段长时间的争论。实际上,莱布尼茨和牛顿是分别独立发明的。英国从国家立场出发,认定牛顿先发明的微积分,这使得之后英国和欧洲大陆的数学家停止了思想交流,在数学上落后法国人一个世纪。莱布尼茨还改进了二进制数系,为后来计算机的发明奠定了基础。

1672年到1673年,莱布尼茨的两位雇主相继去世,他来到汉诺威,接受布伦兹维克公爵的邀请,担任公爵府历史学家、政治及法律顾问兼图书馆馆长。

1676年,莱布尼茨在海牙拜访了斯宾诺莎,与斯宾诺莎探讨哲学将近一个月,甚至还得到了斯宾诺莎的部分原稿。然而,在他的晚年,为了附和众人对斯宾诺莎的声讨,他又极力掩盖这段经历。

1689年,莱布尼茨游历意大利,结识耶稣会派遣于中国的传教士,开始对中国有更强烈的兴趣。他认为欧洲人可以从孔子伦理学中学到许多东西,还认为八卦图就是中国人在他所推崇的哲学数学领域所取得的主要成就的证明。在莱布尼茨眼中,"阴"与"阳"基本上就是他的二进制的中国版。

1714年汉诺威公爵继任英国国王,即乔治一世,他没有邀请莱布尼茨随皇室前往伦敦,这无疑受到他与牛顿微积分发明权争论的影响。莱布尼茨在汉诺威郁郁寡欢,两年后就去世了。

莱布尼茨和笛卡儿、斯宾诺莎,被认为是17世纪三位最伟大的理性主义哲学家。莱布尼茨是历史上少见的通才,甚至被誉为十七世纪的"亚里士多德"。

 **精彩语录**

◇ 禽兽纯粹凭经验，只是靠例子来指导自己，因为就我们所能判断的来说，禽兽绝达不到提出必然命题的地步，而人类则能有经证明的科学知识。——《人类理智新论》

◇ 理性告诉我们，凡是与过去长时期的经验相符合的事，通常可以期望在未来发生；但是这并不因此就是一条必然的、万无一失的真理，当支持它的那些理由改变了的时候，即令我们对它作最小的期望，也可能不再成功。——《人类理智新论》

◇ 被创造的东西所设想的概念并不是上帝的能力的尺度，但是被创造的东西的能设想性或设想能力却是自然的能力的尺度。因为一切符合于自然秩序的，都能为某种被创造的东西所设想或了解。

——《人类理智新论》

◇ 在考察自然是什么之前，我们必须先确定自然不是什么。

——《单子论》

◇ 世界上也没有完全不同的两片树叶。 ——《单子论》

◇ 我们的宇宙，在某种意义上是上帝所创造的最好的一个。

——《单子论》

莱布尼茨在哲学上的代表作有《人类理智新论》《单子论》等。《人类理智新论》主要是反驳洛克在《人类理解论》中论证的经验论，批判"白板"说，维护"天赋观念"论。《单子论》主张单子是构成万物的最后单元，它既无广延又无部分，是真正不可分的单纯实体。

## 哲学思想

### 单子论

莱布尼茨认为，物体就是各种单纯的力的复合体，单子是构成万物的最后单元。

单子并不是物理的点，因为物理的点只不过是压缩的物体；也不是数学的点，因为数学的点尽管是真实的点，却不是实在的点，数学的点只不过是"观念中的点"。只有形而上学的点既是真实的又是实在的。

由于单子既无广延又无部分，就不能由各个部分的组合和分离而自然地产生和消灭，每一单子都没有可供事物出入的窗口，它们之间是相互独立的。

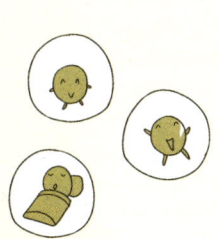

世界上没有两个在质上完全相同的单子，也不存在完全相同的两个事物。单子与灵魂相类似，具有知觉与欲望，根据其知觉的清楚程度不同而有高低等级之分，最低的是构成无机物的单子，最高级的单子则是上帝。

## 前定和谐

单子之间虽然独立,但由之构成的事物相互影响、相互作用,从而构成一个和谐整体。

这种和谐是上帝创造每一个单子时预先确定的。虽然这个世界中存在着恶,但这个世界是上帝创造的一切可能世界中最好的世界。

# 休谟
## ——对一切持怀疑态度

17~18世纪，英国经验论有5个代表人物，即培根、霍布斯、洛克、贝克莱和休谟。其中培根、霍布斯、洛克来自英格兰，贝克莱（1685年~1753年）来自爱尔兰，休谟则来自苏格兰。休谟把洛克和贝克莱的经验主义哲学发展到了它的逻辑终局，把经验论所有可能的理论空间全部穷尽，推导出其结论是不可知论，从而结束了这一流派。

大卫·休谟（1711年~1776年），生于苏格兰爱丁堡的一个没落贵族家庭，被视为苏格兰启蒙运动中最重要的人物之一。

休谟在爱丁堡大学接受法律教育，家人希望他以后成为一名律师，但休谟的志向并不在此。经过短暂的经商生涯后，1734年他前往法国拉弗莱什学习了3年。这是笛卡儿曾经学习的地方，其间他完成了人生第一部重要的作品——《人性论》。因为他没有名气，作品并没有引起太多的关注，甚至连个抨击他的人都没有。休谟在自传中说道："它在印刷机上的时候就已经死掉了。"

不过休谟没灰心，之后又出版了《道德和政治论文集》，引起了人们注意。休谟灵机一动，把《人性论》的第一部分和第三部分进行改编，以《人类理解研究》和《道德原则研究》为书名分别出版，由此奠定了他在欧洲思想界的地位。

休谟还有一个历史学家的身份。1752年，他到爱丁堡图书馆工作，撰写了6卷本的《英国史》，写作时间持续了15年。这本书当时被当作英国历史学界的基础著作，使他出了名，他也因此而富裕起来。

1763年，休谟应邀担任英国驻法大使的秘书，与法国的启蒙思想家狄德罗、爱尔维修、卢梭等人有过交往，得到了法国哲学界的赏识。1766年，休谟陪同卢梭前往英国，但在这次旅行中，两人产生了激烈的争吵，最终不欢而散。

在生命的最后几年里，休谟得了不治之症，面对死亡他非常坦然，于1776年去世。

休谟一生都被教会指控为无神论者，他曾向朋友提及一个有趣的经历：有一次，休谟不小心滑入了湖中的泥沼里，由于身型肥胖而爬不出来，被困在了那里。这时一些卖鱼妇人刚好路过，看到了休谟，但她们因为休谟是无神论者而拒绝救他，除非休谟答应做一名基督徒。休谟当场答应，背诵了几段经典教义才被拉起来。

休谟讨论宗教的著作《自然宗教对话录》的出版一再搁置，直到他死后的1779年才出版。

休谟以怀疑论著称，建立了第一个不可知论的哲学体系。休谟的怀疑论比较耐人寻味，因为并不能分辨出他的怀疑是一种好奇心，还是为了纯粹的怀疑。虽然休谟属于18世纪的哲学家，但是他的著作中讨论的内容大多与现代哲学界的主要争论有密切关系，比如因果问题、归纳问题、自我问题，这与和他同时代的哲学家相较是相当罕见的。

**精彩语录**

◇由于人类的通性,简单和浅显的哲学较精确与艰深的哲学会更受欢迎,因为它更使人有同感,也更加实用,它更能够进入通常的生活。艰深的哲学,无法被应用于商业和行为,它的准则也无法对我们的行为和处事轻易造成影响。——《人类理解研究》

◇在科学繁荣发展的年代和国度中,一个人才华鄙陋最明确的标志,就是对那些高雅的娱乐毫无兴趣。——《人类理解研究》

◇深奥而抽象哲学中的阴暗遭到反对,不仅仅是因为费力或者令人疲累,而是不确定性和错误不可避免的根源。

——《人类理解研究》

◇一切深奥的推理都避不开这样一个问题,那就是:它即使能够使论敌无法反驳,也不能使其真正心服口服,而且这样的推理需要我们保持同一开始创造出它时一样的刻苦钻研态度,我们才能感受到它的力量。——《人性论》

◇永恒不变的是非标准不但给人类,并且也给"神"本身加上了一种义务,所有的这些体系都有一个共同的观点,即美德也和真理一样,只是通过一些观念并通过一些观念的并列和比较被认识的。

——《人性论》

休谟的代表作有《人性论》《自然宗教对话录》《英国史》。《人性论》分为三卷,分别讨论理智、情感和道德。他的学说中重要的东西在第一卷《人类理解研究》里,这本书集中反映了休谟的哲学思想。他力图把经验论原则贯彻到底,从而结束了近代英国经验论。

## 哲学思想

### 印象与观念

休谟提出一个命题:"除了知觉,一切都是不可知的。"

他认为心智来源于知觉,知觉分为两类:

一类是印象,也就是感觉、情感和情绪,是强烈、活泼的。它具体又分为两类,感觉印象和反省印象,感觉是观念和反省印象的基础。

另一类则是观念,包括思想和推理,是印象的微弱反映,可分为复合观念和简单观念。复合观念则是简单观念的集合或复合。

印象和观念就是生动程度的差别。比如,虽然我们没有见过带翅膀的马,但是可以想象出来,只不过构成这个复杂观念的要素全都来自印象罢了。

## 不可知论

休谟对物质实体存不存在持不可知的态度。

所谓不可知,就是不承认物质存在,也不承认物质不存在,不去判断。

这种理论对西方世界产生了重大影响,因为它间接怀疑了上帝等精神实体。上帝不是我们感受到的,所以不能说存在或不存在,只能说不可知。

## 因果关系理论

休谟坚持人们只能在经验的范围内研究因果性的问题。

人们可能会认为自己生活在由存在于时空的物体组成的世界中,这些物体遵循因果律,但这只是风俗和习惯的结果,过去的经历决定了我们想要看到什么。

因果关系并不是客观性的,而是人主观性的一种联想,并把这种联想当作事物本身具有的客观联系。

休谟认为,原因和结果是两个根本不同的东西,二者之间不可能存在什么必然的联系。人们之所以觉得因果之间有着必然联系,是因为这种观念是从对象的恒常会合中引出来的,是对象恒常会合在人心中形成的一种习惯。

# 孟德斯鸠
## ——三权分立

查理·路易·孟德斯鸠（1689年~1755年），出生于法国波尔多附近拉布雷特庄园一个富裕的贵族家庭。他的伯父因为独子不幸夭折，于是决定将自己一切职务、财产和爵位的继承权遗赠给侄儿，作为交换，孟德斯鸠必须攻读法律。

孟德斯鸠早年就读于朱伊公学，1708年获波尔多大学法学学位，毕业后辗转各地继续学习法律。1716年，他继承了伯父的波尔多最高法院大法庭庭长职务及男爵称号。在此期间，孟德斯鸠还对史学、哲学以及自然学科发生兴趣，并撰写过许多相关论文。

1721年，孟德斯鸠化名"波尔·马多"出版了《波斯人信札》。这部书通过两个波斯人漫游法国的故事，揭露和抨击了封建社会的罪恶，用讽刺的笔调勾画出法国上流社会中形形色色的人物，在当时受到了普遍欢迎，这使他成了一位文学名人。1726年，他卖掉了波尔多最高法院大法庭终身庭长一职，辞职迁居巴黎，专心于著述。两年后，他离开巴黎，一路游历意大利、德国、奥地利等国，后来又在英国待了两年。在英国逗留期间，他对英国的政治制度发生兴趣，并对此进行了考察。

1731年，孟德斯鸠回到法国拉布雷特专心著述，开始写作《论法的精神》。经过十几年的努力,这部书稿最终于1748年出版。他在书中提出,自由就是做一切法律许可的事的权利。自由与法律之间是一种良性的互动,人应有自由,但人的自由不是无所顾忌,不能理解为想干什么就干什么,自由受法律保护也受法律约束。

孟德斯鸠还完成了《罗马盛衰原因论》,并于1734年匿名发表,借古罗马的历史资料来阐明自己的政治主张。他晚年饱受眼疾的困扰,在生命最后的日子里已经完全失明。1755年,孟德斯鸠在巴黎感染热病不幸逝世,后葬于巴黎圣叙尔比斯教堂。

孟德斯鸠是法国启蒙时期伟大的哲学家、法学家,法哲学的奠基人。同时,他还是近代欧洲国家较早系统地研究古代东方社会与法律文化的学者之一,他首次将中国划入"专制政体"。虽然他的有些见解不免偏颇,但相对于同时代的人,他的观点还是较为接近事实的。他在洛克分权思想的基础上提出"三权分立"理论而广为人知,这个理论对资产阶级国家的宪法体制有着巨大的影响。

 **精彩语录**

◇敬神者和无神论者时时都在谈论宗教,前者谈他所爱,后者谈他所惧。
——《论法的精神》

◇共和政体国家需要教育发挥其全部威力,教育应该激发高尚但痛苦的情感,舍弃自我,从而产生对祖国的爱。
——《论法的精神》

◇在专制政体中,除主子或暴君的意志外,没有其他法律。
——《论法的精神》

◇对于过分的一丝不苟的正直,不要自鸣得意,有的正直几乎只适用于自由的人。
——《波斯人信札》

◇精巧的人物是这样的一些人,他们的每一个思想或每一个趣味都同许多附属的思想或趣味相联系着。原始人只有一种感觉:他们的精神既不能综合,也不能分析。自然给予他们的东西,他们什么也不能增加,什么也不能减少。
——《罗马盛衰原因论》

◇坏的君主的统治的开始常常和好的君主的统治的结尾一样,因为对于在他前面的统治者的行为,他抱着一种矛盾的心情,因此他们所能做的都是别人出于美德才做的事情,正是由于这种矛盾的心情,我们受惠不浅,却也大遭其殃。
——《罗马盛衰原因论》

孟德斯鸠的代表作有《论法的精神》《波斯人信札》《罗马盛衰原因论》,尤其是《论法的精神》这集大成的著作,奠定了近代西方政治与法律理论发展的基础,这部著作也被伏尔泰称为"理性和自由的法典"。

## 哲学思想

## 法

孟德斯鸠指出一切为法所支配。法就是事物的必然联系、事物之间的内在规律,也就是世界上存在着的根本特性。法分为自然法与人为法。

自然法就是原始法,是由万物之间的根本属性所衍生出来的一种必然关系。自然界是运动着的物质,是受自然界的固有规律支配的,它表示人生活的一种习惯,是人类社会最初的人际关系。

孟德斯鸠否定上帝的万能,认为上帝也为法所制约。

人又不是完全遵循自然法则来规范人与人之间的关系,也就需要人为法。

自由并不是意味着可以任意行事,平等也不是意味着否定命令和服从。真正的自由只在于做一切法律许可的事,真正的平等也只在于在法律面前人人平等。

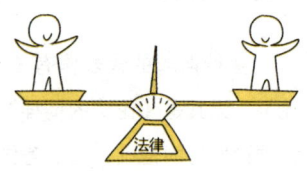

法就是多与一的统一。一般的法律是人类的理性,各国的法律在特定场合都有其具体的运用。

## 人的四条自然法

孟德斯鸠把人类历史描述为"平等—不平等—平等"的过程,即从自然平等到社会的不平等,然后又借助于法律恢复平等的过程。

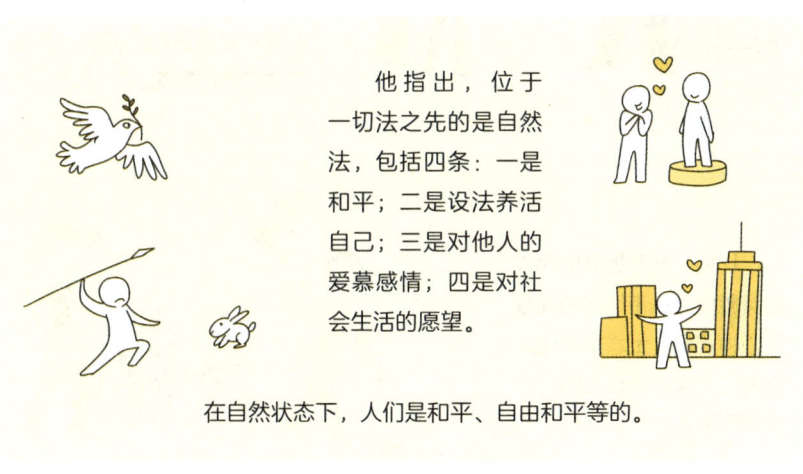

他指出,位于一切法之先的是自然法,包括四条:一是和平;二是设法养活自己;三是对他人的爱慕感情;四是对社会生活的愿望。

在自然状态下,人们是和平、自由和平等的。

但是,当人们从自然状态过渡到社会状态之后,人们之间原有的和平、自由和平等关系就此终止,战争状态就开始了,于是才有必要制定各种法律如政治法、民法和国家法等。

## 地理环境论

孟德斯鸠是近代资产阶级社会学地理学派的创始人,他特别重视地理环境在历史发展过程中的作用。

他认为一个国家的气候、土壤、土地、面积、大小等地理因素,对这个国家的人的性格、情感、风俗、法律及政治制度都有着直接的影响,甚至有决定性的影响。

比如,寒带地区的民族骁勇彪悍,热带地区的民族则心神萎靡;土壤贫瘠使人勤奋,土壤肥沃使人因生活宽裕而柔弱。

他还认为,国家土地面积的大小和政体的性质有内在的联系:小型国家适合共和政体,中等国家适合君主政体,大国适合专制政体。

## 三权分立学说

孟德斯鸠的主要精力用以研究社会政治制度问题,他是资产阶级法学理论奠基人之一。他的社会政论观点也是唯心史观。

他曾尖锐地攻击封建专制制度,指出封建专制制度对社会起着破坏作用。他认为法国所需要的是法国式的改革,而不是革命的改造。

在他看来,保障公民自由的开明的君主立宪政体和立法、行政、司法三权分立的政治制度,是最理想的政治制度。

他指出,任何国家都有三种权力,即立法权、司法权和行政权,主张议会行使立法权、君主掌握行政权、法院专掌司法权。而且应使"三权"分别独立,彼此限制,相互制约,维护平衡,以避免专制独裁。

在他看来,三权分立是最理想的政治制度,它既可以防止君主滥用权力,也排除了广大人民分享政权。三权分立说,实质上是大资产阶级与封建贵族达成妥协。

孟德斯鸠的学说对当时的资产阶级国家学说都有很大的影响。

# 伏尔泰
## ——欧洲的良心

 小传

18世纪，欧洲爆发了大规模的启蒙运动。在法国，由于社会、政治和教会的压迫，启蒙运动表现得最为激烈，它直接导致了法国大革命。其中，伏尔泰被誉为"启蒙运动的旗手"。

伏尔泰（1694年~1778年），原名弗朗梭阿·马利·阿鲁埃，他出生在巴黎一个富裕的中产阶级家庭，父亲是个公证员，伏尔泰在三兄弟中排行最末。他从小就表现出惊人的才华，3岁能背诵拉·封丹的寓言，10岁时接受了正式教育。

伏尔泰精通多门语言，先后掌握了拉丁文和希腊文，后来通晓意大利语、西班牙语和英语。他父亲让他攻读法律，并为他安排了法国驻荷兰大使秘书一职。其间，他与一名法国女子坠入爱河，不料两人私奔的计划被他父亲发现，伏尔泰被迫回国。

1717年，由于被怀疑创作了影射宫廷生活的讽刺诗，伏尔泰被投入巴士底狱关押了11个月。在狱中，伏尔泰创作了悲剧《哀狄普斯》，首次使用"伏尔泰"作为笔名，并获得成功。这部悲剧为他后来的富足生活奠定了基础。

伏尔泰后来流亡英国，英国的思想自由以及政治自由的氛围令伏尔泰赞叹不已。在此期间，伏尔泰完成了《哲学通信》一书，认真分析了英国资产阶级制度、洛克的哲学思想以及其他戏剧小说等。这本书的出版遭到了当局的审查，于是伏尔泰在西雷村的庄园与女友夏特莱侯爵夫人隐居15年。他们收集了两万余册书籍，然后在实验室积极研究自然科学，伏尔泰发表了大量哲学、科学、文学等作品。1749年，夏特莱因难产去世后，伏尔泰返回巴黎。

1750年，伏尔泰受普鲁士国王腓特烈再三邀请来到柏林。在柏林逗留的5年里，他一直是国王腓特烈宴席上的贵宾，但后来因为与科学家莫佩尔蒂发生争执，引起国王的愤怒，他再次被驱逐。

之后，伏尔泰搬到了法国边境的凡尔纳，在那里度过了20多年。在那里，各国王公贵族和学者或亲自前来拜访，或与他书信往来，丹麦和瑞典国王以及俄国女皇叶卡捷琳娜二世都向他表示敬意，腓特烈大帝也写信要求和他重归于好。

1778年，84岁的伏尔泰重返巴黎观看自己一部悲剧作品首映，受到观众热烈欢迎，这是伏尔泰一生的高光时刻。由于过度疲劳，这位天才于同年三月与世长辞。他在最后说道："我在祈祷上帝中死去，我对朋友满怀挚爱，对敌人也并无憎恨，但是我对迷信心存鄙视。"

伏尔泰死后，仍然受到教会的迫害，以致他的遗体不得不秘密地藏在一个小礼拜堂内。直到1791年法国大革命期间，人们才把他的遗体运到首都，并在他的灵车上写着："他教导我们走向自由。"

伏尔泰在哲学上的主要贡献是宣传英国唯物主义经验论，首创历史哲学，为法国大革命提供了理论依据。美国学者威尔·杜兰特围绕他写了《伏尔泰时代》，可见其在哲学史上举足轻重的地位。他以哲学智慧与国民宗教自由、贸易自由的主张著称，是社会变革的公开支持者。作为讽刺辩论家，他用自己的作品抨击狭隘的宗教规约和当时的法国社会机制，被誉为"欧洲的良心"和"法兰西思想之王"。

**精彩语录**

◇在所有的动物当中，人是最完善的、最幸福的，而且也是生活得时间最长的。因此，与其对生活的短暂感到惊奇、抱怨，我们应当对生活的幸福和生活的时间之长感到惊异和庆幸。

——《哲学通信》

◇人类最可宝贵的财富是希望，希望减轻了我们的苦恼，为我们在享受当前的乐趣中描绘来日乐趣的远景。——《哲学通信》

◇如果人类不幸到目光只限于考虑当前，那么人就会不再去播种，不再去种植，人对什么也不准备了：从而在这尘世的享受中，人就会缺少一切。——《哲学通信》

◇时光对于善于利用它的人、劳动和思考的人、扩展其界限的人来说，是相当漫长的。——《哲学辞典》

◇在理想的最美好世界中，一切都是为最美好的目的而设。

——《哲学辞典》

◇剽窃别人思想比偷盗别人金钱的罪过往往更甚。

——《哲学辞典》

伏尔泰的作品都以尖刻和激昂地反对封建制度和教会著称，在哲学方面的代表作是《哲学通信》（又叫《英国通信》），另外还有《形而上学论》《哲学辞典》《牛顿哲学原理》等。另还有一本《风俗论》，是一部纪念碑式的鸿篇巨著，以宗教问题为重点、旁及文化各个方面进行深入阐述，指出人类从愚昧进步到文明的艰辛历程。

## 哲学思想

### 自然神论

伏尔泰所认为的神,实际上为自然神。一般我们认为伏尔泰介于无神论与有神论之间,他对基督教进行了猛烈的抨击,但是他并不针对宗教存在的本身意义。

自然界本来不需要一个上帝,但是人需要有一个上帝。

伏尔泰批评怀疑论者,从而深信物体的存在。在他看来,物体的本性是广延性和不可入性,宇宙是一架巨大而协调运转的机器,一切是按照数学、力学规律运动的,上帝的存在是完全可能的。

伏尔泰认为物质是惰性的,自身没有运动的能力,因此,要理解物质的运动,就必须像牛顿那样,假定一个"第一推动者"的存在。

上帝虽创造了世界,但在他给世界以最初的推动之后,便不再干预世界,而听任自然规律去支配一切。

## 自由学说

伏尔泰认为人的自由是天生的。自由并不是机械物理的必然性，而是意志的必然性，它包括人身自由、言论自由、信仰自由。

自由不仅仅是不受束缚的，而且应当是对某种权利的保护。

每个人不仅要看重坚持自己的观点和不同意别人观点的自由，同时也需要保卫这种自由不被其他人所伤害，只有捍卫了所有人的自由，自己的自由才能得到保障。

# 卢梭
## ——人生来自由

让-雅克·卢梭（1712年~1778年），出生于瑞士日内瓦一个贫苦的钟表匠家庭，他的母亲在他出生9天后就去世了；10岁时，父亲因和人发生纠纷，逃往里昂避难。卢梭从小过着流浪的生活，他做过学徒、仆役、家庭秘书，甚至流浪卖艺，还养成偷窃的恶习。正是因为青少年时期的经历，后来他的政治哲学思想强烈要求社会平等。

16岁那年卢梭离城出走，独自一人到了萨瓦。当时他没有经济来源，衣食无着，只好来到一个天主教神甫家里，说他要改宗。后来，他在都灵举行了改宗仪式。这时，卢梭认识了华伦夫人，此后几年里几乎一直和她生活在一起。直至1740年，卢梭离开华伦夫人去里昂做了一名家庭教师，在那里他第一次接触到了法国启蒙运动的一些主要人物。1743年，在另一位贵妇的帮助下，卢梭成为当时法国驻威尼斯大使的秘书。两年后他开始同旅馆的用人黛蕾丝·勒·瓦色同居。两人一共育有5个孩子，但一直到卢梭56岁时才完婚。

卢梭通过自学掌握了丰富的知识，他与法国许多著名思想家都保持联系，他的思想独树一帜，没有那些高高在上的贵族学究味。

后来卢梭定居巴黎，与德尼·狄德罗相识，于1749年起参与《百科全书》的撰写，主要负责音乐部分。

1750年，卢梭参加第戎科学院组织的有奖征文比赛，他的《论科学与艺术》一文荣获一等奖，本人也因此出名。在这篇文章里，卢梭否定了艺术与科学的价值，主张科学、文学和艺术是道德最恶的敌人，从反面论证了社会的发展是对公民美德和个人道德品质的腐蚀。

3后年，卢梭再次为第戎科学院征文写了《论人类不平等的起源和基础》，不过这篇文章没有得奖。卢梭将它送给伏尔泰，伏尔泰回复说："我收到了你的反人类的新书，谢谢你。"

1760年开始，卢梭迎来了生命中的作品多产期。这一年他出版了小说《新爱洛伊丝》。1762年，《社会契约论》和《爱弥儿》出版，这给他带来了灾难。当时日内瓦和巴黎将其视为异端邪说，巴黎议会通过决议要焚烧它们，高等法院也发出通缉令，卢梭不得不流亡他国。他先去了瑞士，后来又应英国哲学家大卫·休谟的邀请去了英国，但他患上了被害妄想症，猜忌休谟要迫害他，于是与休谟不欢而散，1767年又回到了法国。后来，法国当局迫于公众的压力宣布对卢梭长期赦免。长期风雨飘摇的流浪生活摧垮了卢梭的身体，他决定从此专心著书，并完成自传体小说《忏悔录》。

1778年，卢梭在巴黎东北面的阿蒙农维拉去世，享年66岁。1794年他的灵柩迁往巴黎先贤祠。

卢梭是法国伟大的哲学家、教育家、文学家，被称为"浪漫主义运动之父"，是从人的情感来推断人类范围以外的事实这派思想体系的创始者。他主张自由平等，建立资产阶级的理性王国，坚持社会契约论；反对大私有制及其压迫，并提出天赋人权说，反对专制和暴政。他的政治哲学思想对法国革命、美国革命，甚至是近代政治、社会及教育思想的发展都产生了巨大的影响。卢梭之后，自称改革家的人们分成两派，一派追随洛克，另一派一直追随卢梭。

**精彩语录**

◇ 我想要生来自由,死亦自由。也就是说,人们如此服从法律,以至于无论是我还是其他任何人都无法撼动法律那值得尊敬的枷锁。这是一个温和而有益的枷锁,就算那些最骄傲的头颅,也不无温顺地佩戴着,因为他们生来就不应该佩戴任何其他的枷锁。

——《论人类不平等的起源和基础》

◇ 遵守正义法则的是正直的人,而恶劣的人却不遵从,其结果只能伤害正直者而让恶劣者受益。 ——《社会契约论》

◇ 大自然之所以造儿童,是为了使他们受到爱护和帮助;难道它是因为要人们服从和惧怕儿童才造儿童吗? ——《爱弥儿》

◇ 做老师的只要有一次向学生撒谎撒露了底,就可能使他的全部教育成果从此为之毁灭。 ——《爱弥儿》

卢梭的代表作有《论人类不平等的起源和基础》《社会契约论》《爱弥儿》《忏悔录》等。《论人类不平等的起源和基础》系统地阐述了卢梭的社会发展观和平等观,它通过对人类历史文明发展过程的分析,从经济和政治上揭示了社会不平等的根源,分析了文明社会的贫富、强弱、主奴的阶级对立和斗争。在《社会契约论》中,卢梭主要阐述了人生而自由,但却无处不在枷锁之中。这个枷锁就是国家。《爱弥儿》是教育学著作,主要批判英国旧教育的荒谬腐朽,并提出新教育的原则和理想。

## 哲学思想

### 社会不平等理论

卢梭认为存在两种不平等。

一种是生理上的不平等，比如大家的样貌、年龄、身体条件、精神状态。

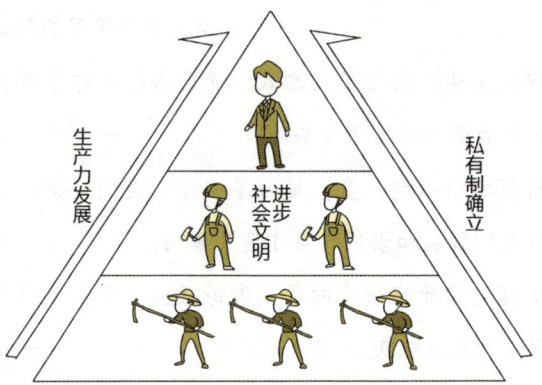

一种是伦理或政治上的不平等，这是真正意义上的不平等。这种不平等正是社会文明的进步、生产力的发展、私有制的确立造成的。社会越发展，人与人之间就越不平等。

卢梭认为在自然状态下人是天然平等的，人和人之间的差异很少。但在社会状态下人又是不平等的，体现了社会的不平等性，只有在社会契约状态下体现了社会的平等。

## 社会契约论

当专制政府被推翻之后,如何实现社会的平等,这是社会契约论要解决的问题。卢梭给出了三种途径:

第一种是回到原始的自然状态。

第二种是通过暴力革命废除一切不平等的根源。

第三种是用社会契约来保障这种平等。

人类是不可能回到原始的生活状态的,同样地,通过暴力革命来废除不平等的根源也是不可能实现的,暴力根本不可能产生合法的权利。只有第三种建立契约,才能实现人的平等。

社会契约的建立有两种情况,第一种是在进入社会之前的自然状态,第二种是在平等的条件、在社会中制定的。前者是为了建立政权,后者则是真正的社会契约,也就是社会的全体成员在平等的条件下自由选择,进行权力的转让。

## 公意

按卢梭的观点,公意应当是指导国家和全体成员行动的最高原则。

卢梭认为,国家应当是人民自由协议的产物。为了实现这个目标,人们在订立契约时就必须把自己和自己的一切权利全部、毫无保留地让给集体。

既然人们并没有把自己的权利奉献给任何人,而只是交给了集体,那么,人们就可以从集体那里得到自己所丧失的一切东西的等价物。

卢梭认为,按上述原则建立的国家或主权就能体现全体成员的公意。

# 康德
## ——德国古典哲学创始人

在哲学史上,通常把18世纪后期到19世纪中期的德国哲学称为德国古典哲学。它追求大一统,不仅体系精美,而且论证严谨。

伊曼努尔·康德(1724年~1804年),出生于东普鲁士首府哥尼斯堡。这一时期的德国正处于分裂状态,各个邦国和城市之间联系较少。1945年以后,哥尼斯堡成为苏联的领土,改名加里宁格勒。康德的一生可谓平平淡淡,他父亲是一个马鞍匠,母亲受过一定的教育,都是虔诚的新教徒。康德出生那天正好是圣伊曼努尔节,所以取了这个名字,意思是"上帝保佑我"。

康德从小就在新教教会学校读书,在数学和自然科学方面都有着良好的基础。1740年,16岁的康德进入哥尼斯堡大学神学院学习,最初他接受的是莱布尼茨的哲学,由伍尔夫派传授,可是对他产生深刻影响的却不是莱布尼茨,而是卢梭和休谟。

大学毕业那年,康德的父亲去世了,康德去一个乡间贵族家庭当了6年的家庭教师。1755年,康德回母校担任编外讲师。这种编外讲师是没有固定收入的,授课费用由听课学生支付。在这期间,他陆续发表了一些作品,如《自然通史和天体理论》《对形而上学认识论基本原理的新解释》等。一直到1764年,康德共发表了5部有关哲学的作品。1770年,康德终于在当了15年无薪讲师之后被任命为逻辑和形而上学教授。

1781年,康德的《纯粹理性批判》问世,这在西方哲学史上具有划时代的意义,他在该书的第二版序言里把这部书的意义概括为哲学领域的"哥白尼革命"。西方古典哲学到了18世纪,形成了两个对立的派别,一个是以英国为主的经验主义,另一个是以法国为主的理性主义。到了康德这里,他将两者进行了调和。

康德曾因就宗教问题发表意见受到国王的人来信申斥。信中写道:"我们的陛下很久以来就怀着很大的不满,看出你怎样滥用自己的哲学,去歪曲和贬低《圣经》和基督教的一些主要的、基本的学说。"康德这时担任大学校长,他回信说:"作为陛下的忠实臣民,为了避免嫌疑,我将绝对保证完全放弃一切有关宗教题目的公开学术活动。"

1796年康德退休,从此离开了教学岗位。直至1804年2月12日辞世,他活了80岁。

康德一生几乎没有离开过东普鲁士的哥尼斯堡,但他从不缺乏丰富的社会生活。他的生活极其规律,从早晨起来到喝咖啡、写作、阅读文献、用餐、散步,他所做的每一件事都有规定的时间。他每天下午准时出现在一条小路上散步,甚至被他的邻居视为校正钟表的标准。如今这条被称为"哲学家之路"的林荫小道就是因康德而得名。据说康德唯一一次没有准时出来散步,是因为他前一天晚上通宵读了卢梭的《爱弥儿》。

康德的身高只有一米五七,一生未婚,这样一个矮小的人内心显然包含了整个宇宙。他把自己一生所追求的东西概括为两样:"灿烂的星空在我头上,道德律在我心中。"

◇人类理性在其知识的某个门类里有一种特殊的命运,就是:它为一些它无法摆脱的问题所困扰。因为这些问题是由理性自身的本性向自己提出来的,但它又不能回答它们;因为这些问题超越了人类理性的一切能力。 ——《纯粹理性批判》

◇有两样东西,越是经常和持久地思考它们,对它们日久弥新和不断增长之魅力以及崇敬之情就越加充实着心灵:我头顶的星空,和我心中的道德律。 ——《实践理性批判》

◇要想有道德价值,一个人的行动必须是从义务而完成。

——《实践理性批判》

◇每个人必须承认,一个关于美的判断,只要夹杂着极少的利害感在里面,就会有偏爱而不是纯粹的欣赏判断了。

——《判断力批判》

◇诗才到老年就枯竭了,而在一段时期内,一个有学问的头脑却一直还在科学知识上表现出一种良好的健康和干事的魄力,这也许是由于美是一朵花,而科学是果实。 ——《判断力批判》

康德的主要代表作就是"三大批判"。《纯粹理性批判》讲人如何认识世界,《实践理性批判》讲人的伦理规则是什么。前者的对象是现象界,后者的对象是本体界。在现象与本体之间,有一道不可超越的鸿沟,在鸿沟上架起一座桥,使现象过渡到本体。这座桥梁,便是自然的目的性。它包括了美感,意即自然界借助人主观的美感,过渡到其目的,即客观的本体。这包括美感的自然目的性,便是第三本书《判断力批判》的主要内容。

## 哲学思想

### 批判

康德的批判和分析具有同样的意义，是根据理性具有普遍必然的科学知识，对理性的一般认识能力进行分析，通过分析来确立一种衡量知识是否科学知识的一般标准，然后以此来衡量形而上学的命运。

在当时，批判的含义首先是针对莱布尼茨-沃尔夫体系提出的。

其次，它还要通过对不依赖经验因素的纯粹理性的批判，为数学、自然科学提供哲学论证，同时又限制理性的活动范围，为宗教信仰保留地盘。

## 绝对命令

绝对命令是指人的行为所必须遵守的规律。

康德认为，个人的行为准则必须承认人们所共同遵守的，但人除了受理性支配外，也受感性支配，因而有些行为并不是按照人的理性行事，对此必须以命令的形式加以强制。于是，他提出三条作为绝对命令的道德规律。

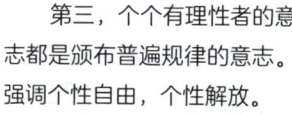

第一，我一定要这样行为。意思是我这样做一件事，不仅我这样做，还要求所有的人都应当这样做。

第二，你需要这样行为，做到无论是你自己或别的什么人，你始终把人当成目的，而不把他当成工具。它强调每个人均有其目的，有其人格，不为别人所奴役。

第三，个个有理性者的意志都是颁布普遍规律的意志。强调个性自由，个性解放。

康德的绝对命令以道德自律表现人的道德生活不为组织利益与社会条件所决定，而由个人的道德意志决定。他认为，作为绝对命令的道德规律或道德规范，排除一切经验的内容，不受任何经验制约，具有客观性、普遍性和必然性，适用于一切时代、一切民族和一切人。

## 人为自然立法

人为自然立法是一个涉及思维与存在、主体与客体同一性问题的认识论命题，是康德"哥白尼式革命"所要达到的最高峰。

所谓哥白尼式的革命，是指哥白尼从地心说到日心说的转变。而康德式的革命就是将人们心中的思想去符合物，改变为物来符合我们内心中的思想，这一方式就确立了人在自然界的中心地位。

自然界万事万物都有其本身的法则，但是这种法则我们并不知道，我们只是为我们的种种发现命名。所以说我们所认识到的自然界，实际上是用我们的概念所建立起来的，永远不知道的是自然界本身。

那人是怎样为自然立法或认识自然的呢？

我们把事物之间的必然性联系称为法则，这种联系不是事物固有的，而是来自我们内心中的先天范畴。当我们发生经验的时候，我们内心中的这种先天范畴就会与先天的直观形式，也就是时间和空间，进行整理，形成必然性的一种知识。

康德以人的自我意识为核心的认识论，弘扬了人本主义精神，形成了以人为中心的世界观。

## 善良意志

康德认为实践理性产生一种善良意志。

这种意志是无条件的,不是达到有条件目的的手段,不具有社会性质,也不从社会功利出发,是最高的道德意识。善良意志隶属于客观道德规律,对一切人有效。

康德认为意志可以分为神的意志和人的意志。神的意志与道德规律根本一致,人的意志则不然,所以善良意志要以命令的形式使二者一致。

人们感到的愉快为主观功利所控制,不带有善的目标。

而善良意志是主观完善的意志,以道德规律为追求目标,力求达到至善。

## 二律背反

这在康德哲学中,指两项原理对同一主题进行论证,其论证是矛盾的,但都是可以证明是正确的;或者两个前提推出的结论是矛盾的。

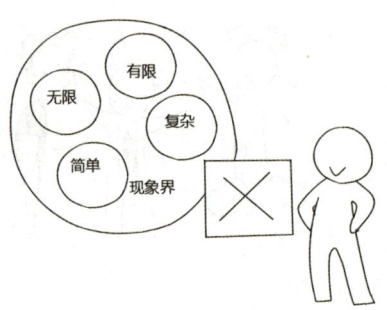

二律背反的理论提出了理性思维中有矛盾的问题,但没有提出矛盾双方的统一与转化,并认为以"有限""无限""简单""复杂"这些说明现象界的知性范畴来说明自在之物是错误的。

同时认为自由与作为最初原因的上帝是属于自在之物的,而自然界则具有必然性,不能从必然性证明上帝存在,因而"自由"与"必然"、"有上帝存在"与"没有上帝存在"可以存在于不同的地方,从而调和了矛盾。

《纯粹理性批判》中提出理性宇宙论的四组二律背反,《实践理性批判》提出实践理性的二律背反,《判断力批判》中提出判断力的二律背反。

# 黑格尔
## ——古典哲学的集大成者

德国古典哲学的奠基人是康德,之后费希特和谢林都从康德的前提出发,采用逻辑的方法来解释经验世界,在这些基础之上,黑格尔完成了德国古典哲学的最终体系,达到德国古典哲学的巅峰,在某种意义上说,黑格尔哲学标志着古典哲学的终结。

格奥尔格·威廉·弗里德里希·黑格尔(1770年~1831年),生于德国符腾堡公国首府斯图加特的一个官僚家庭,他的父亲是该市税务局书记,笃信路德新教。黑格尔从小就接受到了很好的教育,他还付出很大的精力去研究文学、历史、数学,并花了很多时间去钻研古代文化,特别是古希腊文学。1788年10月27日,黑格尔考入图宾根神学院,主修神学和哲学。两年后,黑格尔获得哲学学士学位。

在神学院学习时,黑格尔有两个特别要好的朋友,一个是后面成为杰出诗人的赫尔德林,另一个是被称为"早熟的天才"的谢林,三个人住在同一个宿舍。他们彼此切磋哲学,研读经典,讨论法国大革命的整个过程,还种了一棵"自由树"以示庆祝。

从神学院毕业之后,1793年,黑格尔去了瑞士的一个贵族家庭当家庭教师。1797年黑格尔回到祖国,在同窗赫尔德林的帮助下,在法兰克福的一个商人家庭担任家庭教师。

1801年，黑格尔的父亲去世，留给了他一些遗产，因此他可以独立生活，不再担当家庭教师，而应谢林之约在耶拿大学任编外讲师。就在这一年，黑格尔第一次见到了歌德。歌德曾经在各方面帮助过黑格尔，他与黑格尔的友谊长达30年。1805年，黑格尔获得副教授职位。1807年，他出版了第一部著作《精神现象学》，这本书的出版标志了他与谢林哲学的决裂。在离开耶拿之前，黑格尔还亲眼见到了他认为是"神一样的存在"的拿破仑。

1808年至1816年，在担任纽伦堡文科中学校长期间，黑格尔完成了《逻辑学》一书。1817年，在他担任海德堡大学教授职位期间，出版了《哲学全书》，完成了他的哲学体系，受到了学生们的欢迎。1818年起，普鲁士政府聘请黑格尔出任柏林大学哲学教授，其间于1821年出版了《法哲学原理》。1829年黑格尔当选为柏林大学校长和政府代表，被称为当时德国哲学的领袖。

1831年11月14日，这位伟大的哲学家因患霍乱，医治无效，在柏林与世长辞。他在柏林大学的讲稿分别被整理成《哲学史讲演录》《美学讲演录》《宗教哲学讲演录》，相继出版。黑格尔从此成为普鲁士王国的官方哲学家。

黑格尔是德国古典哲学的集大成者，总结了自苏格拉底、柏拉图、亚里士多德以来的希腊古典哲学，完成了康德开创的理性批判哲学，通过对费希特和谢林哲学的发挥和改造，从而完成了哲学史上最具体、最庞大、最深刻的理性辩证发展体系。他的一生经历了法国大革命的洗礼、办报的坎坷、求职的艰难，但更多的是对真理的苦思冥想，对哲学的执着追求。这也是黑格尔哲学的价值所在。

后来，围绕黑格尔没有阐释清楚的一些神学问题产生了分歧，黑格尔学派分为了保守派和自由派。马克思曾经是自由派的一分子。

## 精彩语录

◇知识必然是科学,这种内在的必然性出于知识的本性,要对这一点提供令人满意的说明,只有依靠对哲学自身的陈述。

——《精神现象学》

◇没有一门科学比逻辑科学更强烈地感到需要从问题实质本身开始,而无须先行的反思。

——《逻辑学》

◇一种没有体系的哲学思考决不可能是科学的哲学思考;它除了自为地更多表现出一种主观的思考方式,就它的内容来看它就是偶然的了。因为内容只有作为整体的环节才具有自己的辩护,但在整体之外就是具有一种没有论证的假定或者一种主观的确信了。

——《哲学科学全书纲要》

◇客观精神是自由在世界上实现所必需的条件和制度的整体。

——《法哲学原理》

◇就对象来说,每门科学一开始就要研究两个问题:第一,这个对象是存在的;第二,这个对象究竟是什么。

——《美学讲演录》

黑格尔的著作是最难懂的。因为其范畴、命题和论辩都是为他的体系服务的,加上他写得太过晦涩、深奥,所以有人评价说:"读黑格尔的书是治疗失眠最好的药。"黑格尔的主要代表作有《精神现象学》《逻辑学》《哲学科学全书纲要》《法哲学原理》,他上课的讲稿去世后被整理为《哲学史讲演录》《历史哲学》《美学讲演录》《宗教哲学讲演录》出版。

## 哲学思想

### 绝对精神

黑格尔哲学体系的落脚点就是精神，其整个哲学就是绝对精神的发展过程。

精神

在黑格尔哲学中，绝对精神是客观独立存在的某种宇宙精神，表达了主体和客体、普遍和特殊、同一和差异等方面的统一。这种精神实际上为一种逻辑思维，是脱离了人并与客观世界相分离的，只以概念的形式表现出来的。绝对精神是宇宙万物的内在本质核心，万物只是绝对精神的外在表现。

精神由于自身包含着内在矛盾，从而不断自我否定向前发展，自我发展也就是它的自我认识过程。绝对精神本身也经历了三个阶段，第一个阶段是艺术阶段，第二个阶段是宗教阶段，第三个阶段是哲学阶段。在黑格尔的哲学中，绝对精神达到了完满。

## 理性的狡计

这是黑格尔在精神哲学中提出的,认为理性借人们的现实需要实现自己。

每个人的行动,都受到利益的驱使,而这些背后隐藏着理性的目的。

精神观念通过利益观念决定认定行为,黑格尔看到了个人行为背后的历史动因,以唯心主义的形式表达了出来。他的历史哲学看似提高了个人的历史作用,实际上将个人降低为理性实现自身的手段,因而受到许多批评。

## 肯定—否定—否定之否定

黑格尔举过一个例子,一朵花从开花到结果,花朵是对花蕾的发展,同时花朵也是对花蕾的一种否定;果实是对花朵的发展,同时果实也是对花朵的一种否定。

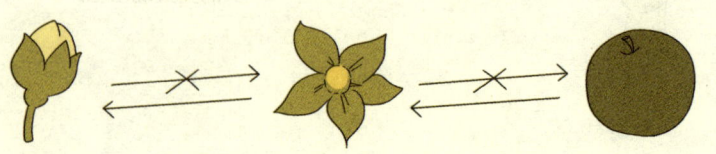

这个过程体现的就是"肯定—否定—否定之否定"。

这是呈螺旋式上升的发展状态,万物正是在否定之否定中发展,生生不息。

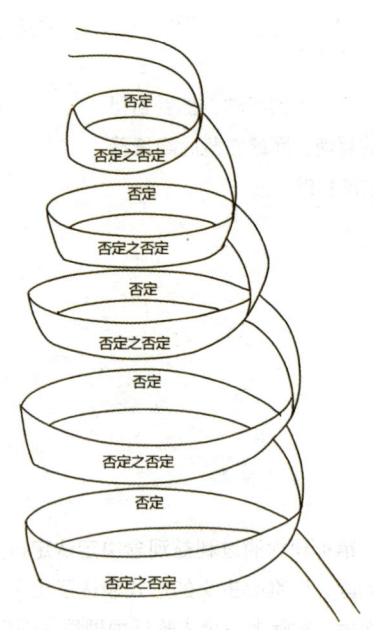

## 市民社会

在黑格尔哲学中，市民社会主要指资本主义社会。

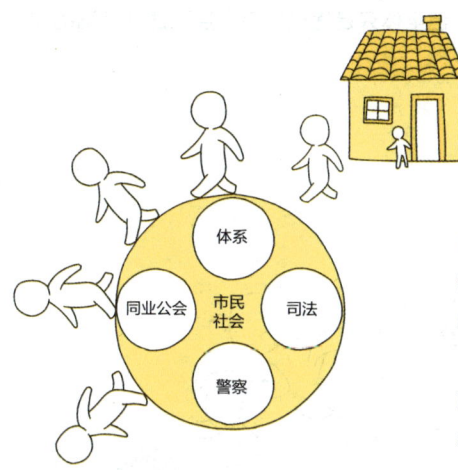

黑格尔认为家庭是直接的或自然的伦理精神，有直接的、自然的普遍性，在其分裂为特殊的单个人时，即发展到市民社会。

市民社会是独立的单个人的联合，是一种相对的全体，表现在需要的体系、司法、警察和同业公会的活动中。

市民社会分为三个等级：

实体性的或直接的等级，指农民阶级，依赖于自然界。

反思的或形式的等级，指产业阶级，包含手工业等级、工业等级和商业等级。反思即理智的能力，认为它倾向于自由的经营活动。

普遍等级，是以普遍利益为其职业，指公职官员。由于同业公会的形式，市民社会即转入国家。

## 真理即全体

黑格尔认为，真理是全体，但全体只是通过自身发展而达到完满的那种本质。

真理是一个由低到高的发展全过程，历史上后起的体系要比以前的体系更加高级，它克服了以前体系的缺点而保留其优点。当它被更新近的哲学体系所推翻时，又以同样的方式保留了自身的优点，因而成为真理的一个环节。

## 理论与实践

黑格尔提倡在过程中不断自我否定、发展自己的哲学。

在黑格尔哲学中,理论指一个完整认识过程的一个方面:认识在这个过程中由于接受了存在着的世界,使进入自身内,进入主观表象思辨内,从而扬弃了理念的片面性,并把这种真实有效的客观性当作它的内容,借以充实它自身的抽象确定性。

实践是指一个完整认识过程的后一个方面:认识过程扬弃了客观世界的片面性,反过来又将客观世界仅当作一个假象、一堆偶然,并且凭借主观的内在本性改造这些假象和偶然。

第二部分　西方哲学的发展　　**247**

## 异化

异化指通过一定的活动,使得某物与某种曾属于它的他物相分离,以至于这个他物成为自足的,并与本来拥有它的某物处于一种相对立的状态。

在黑格尔看来,绝对理念的发展过程首先是绝对理念异化或外化为自然界,然后在更高阶段,绝对理念克服异化返回自身的过程。

他认为,每个范畴都需要异化为它的对立面,这个对立面原先包含于这个范畴之中,这样,它便进入异化状态。

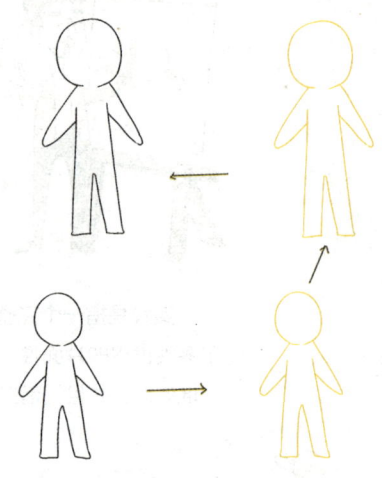

这一异化状态通过在更高阶段的调解又达到了更高的统一。这个统一自身又需要发展到更进一步的异化。

每个人都异化于社会实体,也异化于他的特殊自我,虽然他与普遍实体同一。在黑格尔看来,异化和扬弃异化的过程就是人类认识的发展过程。

# 叔本华
## ——与理性主义相抗衡

 小传

黑格尔认为自己的哲学体系是哲学史所能达到的最高阶段，在某种意义上，这种说法并没有错。黑格尔的绝对精神是西方传统形而上学推演所能达到的最高认识。在黑格尔之后，关于"终极存在"的讨论是不可能的，也是没有必要的，哲学史需要进入到一个新的视域和阶段。在黑格尔之后，西方哲学的研究重心发生了转移，最能体现这种倾向的是与黑格尔同时代的叔本华，他被誉为"非理性主义的奠基人"和"唯意志论哲学的创始人"。

非理性主义认为应当超越理性形而上学的独断论倾向，转向人的生命意志、心理本能等非理性的这一面，对以往哲学进行重新思考，达到对宇宙、世界、社会和人生的意义的升华。

亚瑟·叔本华（1788年~1860年），出生于德国但泽（今波兰的格但斯克）一个商人家庭，父母两家都是当地的望族。父亲是非常成功的商人，母亲则是一位小有名气的女作家。1793年，普鲁士吞并了但泽，叔本华一家迁居到了汉堡。

父亲想让叔本华成为一名商人，子承父业。在叔本华12岁时，父亲把他送进了汉堡的一所专门培养商人的私立学校。但叔本华爱好哲学，并不想经商，这与父亲的心愿起了冲突。父亲为了使叔本华就范，带他出国旅行。在两年间，叔本华走遍荷兰、英国、法国、瑞士、奥地利等各国，连遭战乱的欧洲大陆经济凋敝、民不聊生，种种惨象给他留下了深深的印象，悲观主义在他的心中落下了种子。

在叔本华16岁那年父亲自杀，这给他带来了沉重的打击。叔本华一直认为父亲的自杀是因为母亲的自私享乐，因此母子隔阂非常深，也经常吵架，于是只好分开生活。

父亲去世后给叔本华留下了丰厚的遗产。叔本华坚持了自己的意愿，走上了哲学之路。

1807年叔本华进入了一所文科中学，开始系统地学习文科知识，后来又去格丁根大学学医。在格丁根大学他又钻研起了哲学，开始接触到康德的思想。1812年，叔本华进入柏林大学，开始主攻哲学，凭借《论充足理由律的四重根》完成博士学业，并获得耶拿大学哲学讲师资格。

后来叔本华与母亲团聚。母亲在魏玛的居所变成了一个文化和社会活动沙龙，在这里叔本华遇到歌德，两人结为忘年之交。歌德十分欣赏叔本华的才华，但是也对叔本华的悲观主义提出了批评，告诫说："如果你爱自己的价值，那就给世界更多的价值吧。"

此后的几年间，叔本华再度与母亲决裂，只身前往德雷斯顿，在那里完成了他的代表作品《作为意志和表象的世界》。这部作品受到了印度哲学的影响，是叔本华对社会人生长期观察、深刻思考的结果。他全面论述了自己的哲学思想，提出两个著名命题：一个是世界是我的表象，另一个是世界是我的意志。但这本书出版后读者寥寥，叔本华由于找不到知音，极其苦闷，此时只有歌德给他带来了安慰。

1819年6月，叔本华的家庭财产管理银行倒闭。于是他不得不找一份工作来维持自己的生活。次年1月，叔本华获得柏林大学讲师资格。当时黑格尔已经是柏林大学的著名教授，但叔本华并不把他放在眼里，并和黑格尔展开了一场激烈的争论。

叔本华非常不满黑格尔的学说，他故意将授课时间与黑格尔安排在同一时间，就是要和黑格尔唱对台戏。但结果令他十分伤心，黑格尔那里听者如云，自己这边却极其冷清，几乎从未超过三个人。

1831年柏林发生霍乱时，黑格尔染疾而死，叔本华也离开了柏林，在法兰克福定居，并在此度过了余生。

1848年欧洲革命之后，欧洲表现出的失败情绪为人们接受叔本华的悲观主义奠定了基础，人们发现叔本华说出了他们心中久已想说出的话，一时间出现了"叔本华热"。荣誉和仰慕从四面八方涌来，叔本华的时代终于来临了。

叔本华的思想也对艺术和艺术家产生了深刻的影响。叔本华艺术修养深厚，把艺术看作是解除人类存在痛苦一个可能途径。比如瓦格纳的《尼伯龙根的指环》，充满了叔本华的悲观主义精神。

1860年，叔本华因肺炎恶化去世。去世前，叔本华将所有财产捐给了慈善事业。他的墓前是一块黑色大理石墓碑，上面只有他的名字。他在遗言中说："希望爱好他哲学的人，能不偏不倚地，独立自主地理解他的哲学。"

叔本华谈过恋爱，但一生未婚，没有子女，晚年和一只名叫"世界灵魂"的卷毛狗一起生活，每天都要阅读《泰晤士报》。叔本华自称"性格遗传自父亲，而智慧遗传自母亲"。一方面是强烈的意志，一方面是清醒的理智，这是叔本华性格中始终在相互斗争的两个主要因素。在他的哲学中，世界一方面是意志，是盲目的欲望，另一方面是表象，是观念和认识。叔本华的思想影响了尼采、萨特等诸多哲学家，国学大师王国维也热衷于叔本华的学说。

 **精彩语录**

◇正是由于先天假定一切事物都一定具有根据,才使我们在任何地方都要追问"为什么",因此,我们才有充分的把握称"为什么"为一切科学之母。　　　　——《论充足理由律的四重根》

◇经过训练的能力——就是我们所说的记忆。
——《论充足理由律的四重根》

◇对于"认识"而存在着的一切,也就是全世界,都只是同主体相关联着的客体,直观者的直观;一句话,都只是表象。
——《作为意志和表象的世界》

◇人们说一个民族也是自由的,其含义则是:这个民族只是按照它自己制定的法律来治理的,因为只有这样,它才始终是遵循着它自己的意志的。　　　　　　——《伦理学的两个基本问题》

◇要评估一个天才,我们不应该盯着其作品中的不足之处,最伟大的思想者所写出的著作中,也会出现大的瑕疵。
——《叔本华美学随笔》

叔本华著有《论充足理由律的四重根》《作为意志和表象的世界》《伦理学的两个基本问题》等作品。晚年时写了《附录与补遗》一书,以格言式的文体阐述了自己对世界、对人生的看法。

## 哲学思想

### 意志与表象

"世界是我的表象"这句话是叔本华《作为意志和表象的世界》的开场白，鲜明地指出世界对我们呈现，为我们所表象。围绕着我们的世界只是作为表象而存在着的世界，只是相对于人来说的世界，这个世界并非自在之物。

世界分为本体和现象，本体是意志，现象界的万事万物都只是意志的不同表现。存在于我们周围的空间和时间中的所有现象的本质也都是意志的客体化。作为整体的世界意志是自由的，个体意志是不自由的，它受制于整体的世界意志。

叔本华认为，人的真正本质是意志。人对世界的认识，从表面上看是靠理智进行的，而实际上，在理性背后推动着理智活动的是人的意志。意志和理智关系，就好像是一个强壮的盲人，背着一个亮眼但行动不便的人。盲人虽有动力却不明方向，行动不便的人虽看得明白却动弹不得，只有二者结合在一起，才能得到完整的认识。

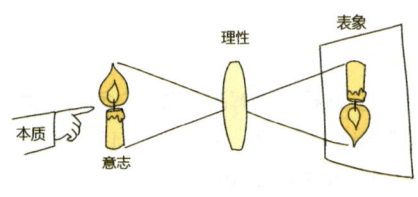

也就是说，在理性与意志的关系中，意志是基础和动力，理性只是手段和方法。理性只能把握表象世界，却不能把握意志世界，只有非理性的直观能把握意志世界，也就是本质世界。

第二部分　西方哲学的发展

## 悲观主义

叔本华认为，人生的本质是痛苦，人无法摆脱死亡，明知道人一定会死，却还是要不停地为生活奔波。这种痛苦的根源就是意志，意志的本质就是欲望和冲动。一个欲望获得了满足，随即又会产生新的欲望。人沉溺于欲望之中，就永远不会享受到持久的安宁。

解除人生痛苦的根本办法是抑制人的欲望，否定人的生命意志。叔本华提出可以离群索居，尽可能地避世，就像僧侣一般，在避世中约束自己的欲望。

或者沉浸在哲学和艺术中。哲学能从一般意义上理解个人痛苦，艺术能使人在一种审美的观照中暂时地忘却自我和欲望。

但是，人终究还是要回到现实之中。要从根本上解除痛苦，必须否定生命意志。永恒的解脱就是彻底地禁欲甚至断绝生命之源，不惜绝食而死。很明显，这条道路是不可行的，但叔本华对人生的思考是真诚的。

# 马克思
## ——伟大的革命导师

1999年,英国广播公司BBC在全球范围举行过一次"千年思想家"网上评选活动,结果得票高居榜首者为马克思。2005年,BBC又发起了一次"古今最伟大哲学家"的投票,排名第一的依然是马克思。这位全世界无产阶级的伟大导师和领袖,将自己的一生奉献给了全人类的解放事业。

卡尔·海因里希·马克思(1818年~1883年),出生于普鲁士莱茵省南部特里尔市一个犹太律师家庭。马克思的父亲亨利希·马克思是一位受人尊敬的律师,母亲罕丽达·普雷斯堡是荷兰人,她是一位普通的家庭妇女。他的父母在他年幼时为了躲避反犹太主义者的迫害,从犹太教改信路德派基督教,6岁的马克思与他的兄弟姐妹接受了基督新教洗礼。

在中学时代,马克思展现了他远大的理想,他在中学毕业论文中写道:"在选择职业时,我们应该遵循的主要原则是人类的幸福和我们自身的完美。人的天性本应如此:人们只有为同时代人的完美和幸福而工作,才能使自己也达到完美。如果我们选择了最能为人类幸福而劳动的职业,那么,重担就压不倒我们,因为这是为大家而献身;那时我们所感到的就不是可怜的、有限的、自私的乐趣,我们的幸福将属于百万人,我们的事业将默默地存在下去,永恒地发挥着作用,当我们离开人世之后,高尚的人将在我们的骨灰上洒下热泪。"

中学毕业后,马克思在波恩大学学习了一年时间,于1836年转至柏林大学法律系学习。在大学里,马克思对哲学的兴趣与日俱增,在青年黑格尔派思想的影响下接受了黑格尔哲学,之后又受到了费尔巴哈的唯物主义的影响。

黑格尔逝世后,黑格尔学派分成了保守的右翼派,即老年黑格尔派,鼓吹政教统一,以及激进的左翼派,即青年黑格尔派,主张政教分离。费尔巴哈是青年黑格尔学派的成员,他在1839年出版的《黑格尔哲学的批判》一书,是其一生最重要的哲学著作之一。它代表了当时的唯物主义观点,从认识论的根源上对黑格尔的唯心主义进行了分析批判。可是,费尔巴哈在批判黑格尔唯心主义的同时,也抛弃了黑格尔的辩证法,从而没能认识到黑格尔哲学中合理和重要的部分。

马克思就是在此基础上批判辩证地吸收了费尔巴哈哲学的基本内核,建立了科学的、革命的辩证唯物主义哲学。与黑格尔的哲学不同,黑格尔认为哲学是反思,就像猫头鹰在黄昏才会起飞,而马克思认为哲学要像雄鸡,昭示一个新的明天的到来。随着思想的逐步成熟,马克思成为一个思想批判的领袖人物。

1841年马克思以论文《德谟克里特的自然哲学和伊壁鸠鲁的自然哲学的差别》获得耶拿大学哲学博士,此时他不满23岁。在这一篇博士学位论文的序言中,马克思引用了埃斯库罗斯在《被锁链锁住的普罗米修斯》中的一段话:"你好好听着,我绝不会用自己的痛苦去换取奴隶的服役;我宁肯被缚在崖石上,也不愿作宙斯的忠顺奴仆。"

次年,马克思开始担任科隆的自由主义报《莱茵报》的编辑,但因为他过激的言辞，该报最终被查禁。

在落魄之时，马克思于1843年6月19日与青梅竹马的女友燕妮结婚。燕妮出生在一个贵族家庭，为了这段婚姻，她甚至不惜和自己的家庭决裂，她爱的就是马克思的理想和追求。婚后他们去旅行，即使是蜜月期间马克思也并未停止理论思考，他积极地在理论上研究和反思自己遇到的问题。

不久马克思移居巴黎。正是在法国，马克思成长为一名共产主义者，结识了他一生的挚友——弗里德里希·恩格斯（1820年～1895年）。在恩格斯的帮助下，马克思了解了劳工状况，他们写作了第一部著作《神圣家族》，从此开始了终身的合作。

1847年，马克思和恩格斯应邀参加正义者同盟。6月改名为共产主义者同盟。次年2月，马克思和恩格斯起草同盟的纲领，这就是著名的《共产党宣言》，这本书也标志着马克思主义的诞生。

法国此时正爆发政治暴乱，马克思回到了科隆，开始担任《新莱茵报》的主编。恩格斯认为《新莱茵报》是当时民主运动中唯一代表无产阶级观点的报纸。1849年，《新莱茵报》被迫关停。

经过颠沛流离的生活之后，31岁的马克思选择在英国伦敦定居。由于长期没有一份正式的职业，没什么固定的经济来源，马克思仅靠微薄的稿费生活，他的4个孩子中，有3个相继去世。马克思一家人的生活大多数时候都由并不富裕的恩格斯通过从事自己最不喜欢的商业活动来资助。如果不是基于对共同事业的追求，以及对彼此友谊的信任，这种长期无偿地接受援助以及长期无私地给予帮助是难以想象的。

1864年9月28日，马克思参加第一国际成立大会，入选领导委员会，起草《成立宣言》《临时章程》和其他重要文件。

1867年9月14日,《资本论》第一卷在汉堡出版。后两卷在马克思死后由恩格斯整理出版。这是历史上最有影响力的政治经济学思想巨著。马克思在《资本论》中明确表达了他关于剩余价值的理论和资本家剥削工人阶级的事实。以唯物史观为基本思想作为指导,以剩余价值为中心,对资本主义进行了彻底的批判,阐述了资本主义商品生产、流通和分配的基本理论,揭示了经济发展的客观规律,具有划时代的历史意义。《资本论》预言,社会主义必将推翻资本主义,最终建立属于无产阶级的共产主义社会。

1881年12月2日,马克思的妻子燕妮去世。次年1月11日,长女燕妮在巴黎去世。亲人接连去世使马克思的健康状况恶化。1883年3月14日下午两点三刻,马克思由于积劳成疾,停止了思想,躺在伦敦寓所的安乐椅上溘然长逝,享年65岁。他与燕妮合葬于伦敦北郊的海格特公墓,恩格斯发表了墓前演讲,约有20人参加了葬礼。

马克思一生曾被许多国家驱逐,到处流亡。自普鲁士政府剥夺了他的国籍后,马克思开始了长达35年没有国籍的生活,他自称是世界公民。

马克思一生中有两个重大的发现,一是人类历史的发展规律,二是现代资本主义生产方式和它所产生的资产阶级社会的特殊运动规律,即剩余价值规律。他一生的挚友恩格斯曾评价道:"他可能有过许多敌人,但未必有一个私敌。""这个人的逝世,对于欧美战斗的无产阶级,对于历史科学,都是不可估量的损失。"

马克思的哲学突破了西方哲学传统。他曾说:"以往的旧哲学都是以各种不同的方式来解释世界也就是认识世界,但真正的哲学在于改造世界,在于为人们改造世界提供一种理论上的指导。"他的哲学启迪了此后许多思想上和实践中的大事件。

**精彩语录**

◇ 无产者在这个革命中失去的只是锁链，他们获得的将是整个世界。　　　　　　　　　　　　　　　　——《共产党宣言》

◇ 一切坚固的东西都烟消云散了，一切神圣的东西都被亵渎了，人们终于不得不冷静地直面他们生活的真实状况和他们之间的相互关系。　　　　　　　　　　　　——《共产党宣言》

◇ 当利润达到10%时，便有人蠢蠢欲动；当利润达到50%的时候，有人敢于铤而走险；当利润达到100%时，他们敢于践踏人间一切法律；而当利润达到300%时，甚至连上绞刑架都毫不畏惧。

——《资本论》

◇ 人的本质并不是单个人所固有的抽象物。在其现实性上，它是一切社会关系的总和。　　　——《关于费尔巴哈的提纲》

◇ 社会生活在本质上是实践的。　——《关于费尔巴哈的提纲》

◇ 人应该在实践中证明自己思维的真理性，及自己思维的现实性和力量，亦即自己思维的此岸性。　——《关于费尔巴哈的提纲》

◇ 生产本身是以个人之间的交往为前提的。这种交往的形式又是由生产决定的。　　　　　　　——《德意志意识形态》

◇ 被抽象理解的，自为的，被确定与人分隔开来的自然界，对人来说也是无。　　　　　　　——《德意志意识形态》

马克思发表了大量的著作，在哲学方面，《关于费尔巴哈的提纲》被恩格斯赞誉是"包含着新世界观的天才萌芽的第一个文献"。《德意志意识形态》是马克思主义哲学创立的标志。《资本论》是马克思毕生研究的成果和最主要的著作，是马克思在哲学、政治经济学和科学社会主义等方面卓越成就的集大成体现。

## 哲学思想

## 物质概念与唯物主义

马克思主义的唯物主义具有双重含义:

第一,物质是一种不依赖意识而独立存在的实在。

第二,从本体论上看,物质是第一性的,我们称为精神的东西只是物质在人的意识中的反映,并且精神是依赖于物质的。

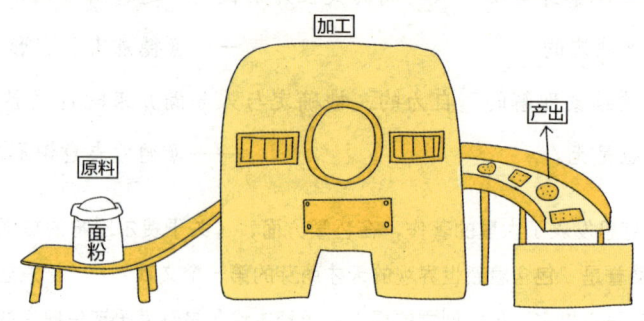

意识是物质的产物、机能和特性。

## 辩证唯物主义

马克思和恩格斯并没有使用辩证唯物主义一词,这是由普列汉诺夫最先开始使用的。

对马克思主义来说,世界的本原是物质,物质第一性,物质决定意识,意识对物质具有反作用。

世界进程的运动不是世界精神的自我运动,而是物质的自我运动。物质的运动是有规律的,促使事物辩证发展的矛盾就寓于物质自身内部。

我们要用联系、发展和矛盾的眼光看待这个世界。

## 唯物史观

唯物史观，又称历史唯物主义，最初被称为唯物主义的历史观，恩格斯在晚年的时候正式开始使用历史唯物主义一词。唯物史观是马克思在《德意志意识形态》中提出的关于人类社会发展一般规律的理论。马克思认为，人类社会的基本矛盾就是生产力和生产关系之间的矛盾、经济基础和上层建筑的矛盾，它们是推动社会发展的基本动力。

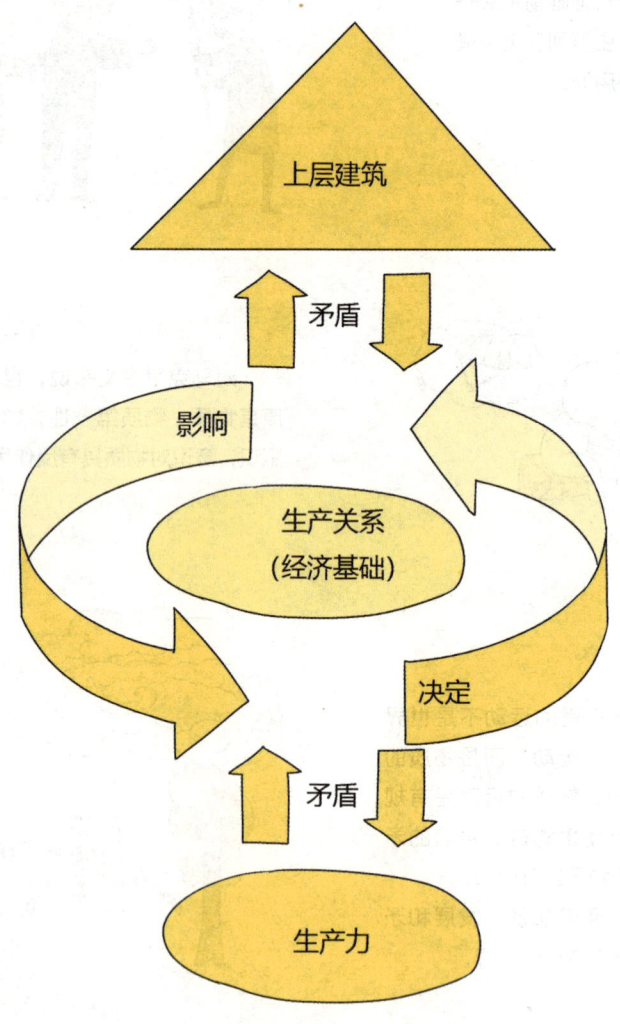

## 实践

马克思指出,哲学的任务不仅在于解释世界,还在于改变世界。任何哲学都依赖于一定的实践,同时又反作用于一定的实践。

马克思对实践给予了科学的规定,认为实践是人与世界基本关系的基本思维方式,人只有通过实践才成为人,才能生存和发展。

人在劳动过程中意识到自身这个主体的存在,一方面把整个世界分为两个世界,一个是以人为主体的属人世界,一个是外在于人的自然界;另一方面通过人的有意识、有目的的活动,把这两个世界又有机地联系在一起。

通过人的有意识、有目的的活动,在自然界或者说是对象化了的客观世界中打下了人的印记,以满足人类的需求。所以,实践充分体现了人的主体性存在的本质,构成了人类的基本存在方式。

# 参考书目

冯友兰著:《中国哲学简史》

胡适著:《中国哲学史大纲》

郭齐勇著:《中国哲学史》

张岂之主编:《中国思想史》

[德]汉斯·约阿西姆·施杜里希著:《世界哲学史》

[美]弗兰克·梯利著:《西方哲学史》

[英]伯特兰·阿瑟·威廉·罗素著:《西方哲学史》

邓晓芒、赵林著:《西方哲学史》

张志伟主编:《西方哲学史》